Reinhard Witt

Ein Garten für Schmetterlinge

Kosmos

Schönheit Schwalbenschwanz: Ein seltener Gast im Schmetterlingsgarten

Des Nachts sind alle Schwärmer grau, auch ein so farbiger wie der Mittlere Weinschwärmer.

Inhalt

Bedürfnisse der Schmetterlinge

Hang zum Abseilen: Leben ist gefährlich. Wenn die Raupe des Ligusterschwärmers dick genug ist, geht es rapide abwärts. Im Erdboden liegt die Puppenstube.

Extra

4

Lebensweise und Artenspektrum

Mit Schmetterlingen durchs Jahr

Bunte Edelsteine der Lüfte umgaukeln uns vom ersten lauen Frühlingstag bis Herbstbeginn. Ihre feinen Farbschuppenflügel glitzern im Sonnenlicht. Raupen und Eier in bizarren Formen faszinieren jeden. Schmetterlinge ziehen uns wie magisch an. Sie kommen freiwillig. Und bleiben für immer. In unserem Schmetterlingsgarten.

Ein Tag voller Augen: Tagpfauenaugen auf Sommerflieder

Die Welt der Schmetterlinge gehört zu den Wundern in der Natur, und für Schmetterlingsfans ist immer Saison: Gartenschmetterlinge gibt es das ganze Jahr. Am auffälligsten ist dabei wohl der **Zitronenfalter**, der dank grün-gelber Leuchtfarbe selten unentdeckt bleibt. Doch nur die wenigsten haben ihn winters gesehen, wenn er steinhart gefroren irgendwo an einem Strauch hängt. Dank Frostschutzmitteln im Blut taut er im Frühling wieder auf – unbeschädigt.

Wildschönes Blumenbeet: Ein magerer Trockenstandort ganz nach dem Geschmack vieler Gartenschmetterlinge

Eisgekühlt, aber lebendig: Zitronenfalter im Winter

Schlaf, Falter, schlaf: Auroras nach langer Nacht auf ihrer Futterpflanze Graukresse

MONAT FÜR MONAT: WER IST WANN DA? Die Falter als Ei •, Raupe, Puppe oder Falter.

Monate	1	2	3	4	5	6	7	8	9	10	11	12
Zitronenfalter	Falter	Falter	Falter	Falter Ei	Falter Ei Raupe	Falter Ei Raupe Puppe	Falter Raupe Puppe	Falter Raupe Puppe	Falter	Falter	Falter	Falter
C-Falter	Falter	Falter	Falter	Falter Ei	Falter Ei Raupe	Falter Raupe Puppe	Falter Ei Raupe Puppe	Falter Raupe Puppe	Falter	Falter	Falter	Falter
Tagpfauenauge	Falter	Falter	Falter	Falter Ei	Falter Ei Raupe	Raupe Puppe	Puppe Falter Ei	Falter Ei Raupe	Falter Raupe Puppe	Falter	Falter	Falter
Kleiner Fuchs	Falter	Falter	Falter	Falter Ei Raupe	Raupe Puppe	Falter Ei Raupe Puppe	Falter Ei Raupe Puppe	Puppe Falter	Falter	Falter	Falter	Falter
Kleiner Kohlweißling	Puppe	Puppe	Puppe	Puppe Falter	Falter Ei	Falter Ei Raupe Puppe	Falter Ei Raupe Puppe	Falter Ei Raupe Puppe	Falter Ei Raupe Puppe	Falter Raupe Puppe	Puppe	Puppe
Landkärtchen	Puppe	Puppe	Puppe	Puppe Falter	Puppe Falter Ei Raupe	Puppe Falter Ei Raupe	Puppe Falter Ei	Puppe Falter Ei Raupe	Puppe Falter Raupe	Puppe	Puppe	Puppe
Schwalbenschwanz	Puppe	Puppe	Puppe	Puppe Falter	Falter Ei	Falter Ei Raupe	Falter Ei Raupe Puppe	Falter Ei Raupe Puppe	Falter Raupe Puppe	Puppe	Puppe	Puppe
Aurorafalter	Puppe	Puppe	Puppe	Puppe Falter	Falter Ei Raupe	Falter Raupe	Puppe	Puppe	Puppe	Puppe	Puppe	Puppe
Kleiner Feuerfalter	Raupe	Raupe	Raupe Puppe	Raupe Puppe	Puppe Falter Ei Raupe	Raupe Puppe Falter	Falter Ei Raupe	Puppe Falter Ei Raupe	Puppe Falter Ei Raupe	Falter Ei Raupe	Raupe	Raupe
Taubenschwänzchen					Falter	Falter Ei Raupe	Falter Ei Raupe	Falter Ei Raupe	Falter Ei Raupe	Falter Raupe		
Hauhechelbläuling	Raupe	Raupe	Raupe	Raupe Puppe	Raupe Puppe Falter Ei	Raupe Puppe Falter Ei	Raupe Puppe Falter Ei	Raupe Puppe Falter Ei	Raupe Puppe Falter Ei	Raupe	Raupe	Raupe
Distelfalter					Falter	Falter Ei Raupe Puppe	Falter Ei Raupe Puppe	Falter Ei Raupe Puppe	Falter Raupe Puppe			
Abendpfauenauge	Puppe	Puppe	Puppe	Puppe	Falter	Falter Ei	Falter Ei Raupe	Raupe	Raupe Puppe	Puppe	Puppe	Puppe
Ligusterschwärmer	Puppe	Puppe	Puppe	Puppe	Falter	Falter	Falter Ei Raupe	Raupe Puppe	Raupe Puppe	Puppe	Puppe	Puppe
Mittlerer Weinschwärmer	Puppe	Puppe	Puppe	Puppe	Puppe Falter	Falter Ei Raupe	Falter Ei Raupe	Raupe Puppe	Puppe	Puppe	Puppe	Puppe
Admiral						Falter Ei Raupe	Falter Ei Raupe Puppe	Falter Ei Raupe Puppe	Falter Ei Raupe Puppe	Falter		
Schachbrett	Raupe	Raupe	Raupe	Raupe	Raupe	Raupe Puppe Falter	Raupe Puppe Falter Ei	Raupe Falter Ei	Raupe	Raupe	Raupe	Raupe
Dickkopffalter	Raupe	Raupe	Raupe	Raupe	Raupe	Puppe Falter	Falter Ei	Falter Ei Raupe	Raupe	Raupe	Raupe	Raupe
Brauner Waldvogel	Raupe	Raupe	Raupe	Raupe	Raupe	Raupe Puppe Falter	Raupe Puppe Falter Ei	Raupe Falter Ei	Ei Raupe	Raupe	Raupe	Raupe
Ochsenauge	Raupe	Raupe	Raupe	Raupe	Raupe	Raupe Puppe Falter	Raupe Puppe Falter Ei	Raupe Puppe Falter Ei	Ei Raupe	Raupe	Raupe	Raupe

DIE ZWEI GESICHTER

Je genauer wir den Blick auf Schmetterlinge richten, desto faszinierender werden sie. Wenn wir von Schmetterlingen reden, meinen wir meist nur die Falter. Aber diese Tiere haben noch eine andere „Lebensform" – an die Raupen denken wir oft gar nicht, weil wir sie viel seltener sehen. Falter von **Zitronenfalter, Tagpfauenauge**, **Kleiner Fuchs** und **Kohlweißling** sehen wir recht häufig, sie fliegen viele Monate lang. Die restlichen Arten kommen als Falter nur im Sommer vor. Aber wo sind die Schmetterlinge danach? Keine Frage: Mitten im Garten, irgendwo als Ei oder Raupe oder Puppe versteckt. Und die finden wir nur per Zufall. Sie sind perfekt an ihre Umgebung angepasst, schon um Vogelaugen nicht aufzufallen.

Warum Falter und Raupe? Den Schmetterlingen ist ein evolutiver Kunstgriff gelungen: Raupe und Falter nutzen ganz unterschiedliche Lebensräume und müssen sich nie die Nahrung streitig

Eiertürme: Mini-Landkärtchen schlüpfen ins Leben.

Schwalbenschwanz: Die Gürtelpuppe mit Sicherheitsfaden

machen! Als Falter fliegen die Schmetterlinge umher und suchen sich Partner, um sich fortzupflanzen. Sie trinken Nektar oder Obstsäfte, manche fasten sogar während dieses Lebensabschnitts. Ihre Eier befestigen sie an den Blättern von Pflanzen, wovon sich später die Raupen ernähren. Die sind zunächst winzig, die frisch geschlüpften Räupchen, und fressen an ihren Futterpflanzen alles, was grün und zart ist. Groß gefressen ziehen sie sich in den selbst gesponnenen Puppenkokon zurück, der regungslos an Zweigen hängt oder in der Erde vergraben ist. Hier findet die wunderbare Verwandlung zum Falter statt.

DURCH DEN WINTER

Die kalte Jahreszeit überdauern nur wenige Arten als Falter, manche als Raupe oder Puppe. Einige Arten wie **Admiral** und **Distelfalter** fliegen als Wanderfalter jedes Jahr in südlichere Gefilde (s. auch S. 56).
Und wo schlafen Schmetterlinge eigentlich? Antwort: Verborgen an Pflanzenstängeln, geschützt unter Blättern und an Rinde. Dort verbringen sie auch kalte Sommertage.

Gefahr des Torkelfluges: Admiral und Wespe naschen von leckerem gärendem Birnenmost.

FALTER IN UNSEREM GARTEN Die Zahlen in Klammern geben die Monate an.

Kleiner Kohlweißling (4–10)

Mittlerer Weinschwärmer (5–7)

Schwalbenschwanz (4–9)

Schachbrett oder Damenbrett (6–8)

Kleiner Feuerfalter (5–10)

Distelfalter (5–9)

Admiral (6–10)

C-Falter (3–10), Brauner Waldvogel (6–8)

Hauchelbläuling (5–9), Brauner Feuerfalter (4–9)

Zitronenfalter (2–8)

Taubenschwänzchen (5–10)

Kleiner Fuchs (3–4, 6–10)

Landkärtchen (4–9)

Aurorafalter (4–6)

Abendpfauenauge (5–7)

Ligusterschwärmer (5–7)

Großes Ochsenauge (6–8)

Dickkopffalter (6–8)

Ein Garten für alle Arten: Naturgarten im Morgenlicht

Schön auffällig: Schwalbenschwanz an Wilder Möhre

Futterpflanzen

Gedeckter Tisch für Falter und Raupen

Mit einem naturnahen Garten mit vielen heimischen Pflanzen fördern wir Schmetterlinge am meisten. Ob Bäume oder Sträucher, Blumen oder Gräser, die hiesige Flora bietet Faltern und vor allem ihren Raupen die Lebensbasis.

Mageres Wildblumenbeet mit Kartäusernelke, Gelber Resede, Moschusmalve und Ochsenauge

Sie möchten etwas Positives für diese Welt tun? Sie möchten aktiv zu Umwelt- und Naturschutz beitragen? Sie möchten Ihren Kindern ideelle Werte vermitteln? Dann legen Sie doch einen Schmetterlingsgarten an! Das geht leicht, kostet nicht die Welt und bringt Ihnen das ganze Jahr Freude.

VIELFALT IM GARTEN

Auf engem Raum können viele unterschiedliche Lebensräume mit heimischen Wildpflanzen gestaltet werden: Wildsträucherhecke und Kleingehölze bringen Vielfalt für strauchnutzende Schmetterlingsarten. Blütenreiche Blumenrasen verköstigen die Falter. Eine Blumenwiese oder ein Wildblumenbeet mit ausgesuchten schönen Wildpflanzen locken allerlei fliegende Kleinodien herbei. Hat der Garten noch unversiegelte Wege und natürliche Wegränder mit Thymian oder Kartäusernelke, haben wir schon fast paradiesische Bedingungen für Schmetterlinge. Am

Dickkopf an Natternkopf

Furchenbiene sammelt Pollen der Raublättrigen Rose.

Stelldichein: Wilde Möhre mit Landkärtchen, Weichkäfer, Blattwespe und Schmeißfliege

Naturteich und Sumpfbeet gibt es etwas für Falter und für Raupen. Und vielleicht in irgendeinem verlassenen Eck etwas kontrollierte Wildnis mit Brennnesseln nur für die Raupen.

SCHMETTERLINGSGARTEN

Wollen Sie langfristig die Schmetterlinge in Ihren Garten locken, dürfen Sie die Raupen nicht ausladen! Gibt es keinen gedeckten Tisch für die Schmetterlinge in ihrer „bodenständigen“ Phase, bleiben die Falter leider nur Besucher. Deshalb: In einem Schmetterlingsgarten braucht's Grünfutter für die Raupen und nektarreiche Blüten oder Obst für die Flieger!

Nahrungsgrundlage für unsere Gartenschmetterlinge sind heimische Wildpflanzen. Zum Beispiel die Skabiosenflockenblume: Ihre Blätter sind Raupenfutter für drei Arten von **Blutströpfchen** und zwei **Scheckenfalter**-Arten. Ihre flockig-violette Korbblüte ist eine typische Tagfalterblüte. Hier lassen sich fast alle Nektar saugenden Arten des Gartens beobachten. Und stellen Sie sich vor: Mit Skabiosenflockenblumen locken wir auch 32 Arten von Wildbienen herbei: Furchen-, Blattschneider-, Hosen-, Mauer-, Sand-, Pelz- oder Wollbienen ...

Vielfachnutzen: Eselsdistel mit Blutströpfchen, Steinhummel, Bockkäfer

EXOTISCHE FUTTERPFLANZEN

Unsere Schmetterlinge sind bei der Eiablage größtenteils auf heimische Wildpflanzen angewiesen. Es gibt auch Ausnahmen: Der **Mittlere Weinschwärmer** legt regelmäßig Eier auf **Fleißigen Lieschen** und **Fuchsien**. Die Raupen fressen die Blätter. Die Beliebtheit der Fuchsie im Siedlungsraum hat in den letzten Jahren sogar zur Zunahme der Weinschwärmer geführt – ein seltener Fall, bei dem eine exotische Pflanze die heimische Insektenflora begünstigt.

Nicht nur die Raupen bedienen sich hier, der Nektar ist bei den Schmetterlingen auch beliebt. Falter sind bei der Futtersuche längst nicht so wählerisch wie etwa Wildbienen. Sie finden und tanken Nektar in allen ihrem Rollrüssel zugänglichen Blüten. Dazu gehören auch nichtheimische Sommerblumen.

Wie bei heimischen Wildblumen haben die Schmetterlinge auch hier Vorlieben. Auf **Dahlien** finden sich besonders häufig **Kleiner Fuchs**, **Tagpfauenauge** und **Distelfalter**. Auch **Ochsenaugen** lassen sich hier blicken.

Zinnien sind etwas für **Kohlweißling**, **Distelfalter**, **Kleiner Fuchs** und **Tagpfauenauge**.

Petunien, **Fuchsien**, **Verbenen** und das blaue **Heliotrop** ziehen **Taubenschwänzchen** an.

Und auf spät blühenden **Zierastern** finden wir wie auf den heimischen Wildastern das ganze Spektrum der dann noch fliegenden Tagfalter: **Kleiner Fuchs**, **C-Falter**, **Taubenschwanz** und den **Admiral**.

Hier eine Auswahl wichtiger Nektarspender:

Bartblume	*Caryopteris* ssp.
Bartnelke	*Dianthus barbatus*
Blaukissen	*Aubrieta deltoida*
Ungefüllte Dahlien	*Dahlia variabilis*
Duftsteinrich	*Lobularia maritima*
Echter Salbei	*Salvia officinalis*
Flieder	*Syringa vulgaris*
Fuchsie	*Fuchsia* ssp.
Gartenlichtnelke	*Lychnis grandiflora*
Heliotrop	*Heliotriopium peruvianum*
Hyazinthe	*Hyacinthus orientalis*
Kapuzinerkresse	*Tropaeolum majus*
Kirschlorbeer	*Prunus laurocerasus*
Lavendel	*Lavendula* ssp.
Leberbalsam	*Ageratum houstonianum*
Petunie	*Petunia-Hybriden*
Phlox	*Phlox* ssp.
Prachtscharte	*Liatris spicata*
Schmuckkörbchen	*Comos bipinnatus*
Sonnenbraut	*Helenium autumnale*
Strauchveronika	*Hebe speciosa*
Studentenblume	*Tagetes patula*
Verbene	*Verbena* ssp.
Wandelröschen	*Lantana camara*
Wunderblume	*Mirabilis jalapa*
Zierastern	*Aster* ssp.
Ziertabak	*Nicotiana alata*
Zinnie	*Zinnia* ssp.

Seltener Fall: Weinschwärmerraupen an Fuchsien.

Häufiger Fall: Kleine Füchse auf Herbstastern.

Schöner Stachelritter unserer Galaxie: C-Falter

Klebe(r)ei: Aurorafalter an Wiesenschaumkraut

Und genau dies geschieht, wenn wir aus Liebe zu den Schmetterlingen den Garten gestalten: Wir empfangen tausendfachen Dank von unzähligen anderen Besuchern. Denn Schmetterlinge, Wildbienen und Hummeln haben ähnliche Geschmäcker – was dem einen nutzt, kann auch der andere gebrauchen. Die Vögel kommen dann automatisch hinterher. Und im naturnahen Garten können alle nebeneinander gut leben. Von daher können Sie sicher sein: Wer einen Schmetterlingsgarten anlegt, schafft einen Garten für sämtliche Kreaturen. Es ist der Naturgarten der Schöpfung, prall voll mit Leben.

VOM EI ...

Ein Schmetterlingsei ist ein Wunderwerk der Natur. Meist nur wenige Millimeter groß, enthält es das Rüstzeug für die nächste Faltergeneration. Es wird einzeln oft an der Blattunterseite der Futterpflanze abgelegt und ist deswegen nur schwer zu entdecken. So machen es **Aurorafalter**, **Schwalbenschwanz**, **Kleiner Feuerfalter** und **C-Falter**. Andere Arten kleben ganze Gruppen von Eiern fest, etwa **Zitronenfalter**, **Tagpfauenauge** und **Kleiner Fuchs**. Aus dieser Reihe fällt das **Landkärtchen**, das als Hochstapler seine Eier zu sechst bis zehnt türmchenartig übereinander setzt. Weil die Jungraupen seitlich ausschlüpfen, bleibt das Eiertürmchen noch lange erhalten.
Scheinbar teilnahmslos ist dagegen das Verhalten von **Schachbrett** und **Braunem Waldvogel**: Sie lassen ihre Eier in der Nähe der Futterpflanze einfach auf den

Turmbau zur Brennnessel: Landkärtchen bei Eiablage

HEIMISCHE FUTTERPFLANZEN FÜR SCHMETTERLINGSRAUPEN

Hier ein Überblick über die wichtigsten Futterpflanzen unserer heimischen Natur für die Raupen von Tagfalter und Nachtschwärmer. Die Namenliste erhebt keinen Anspruch auf Vollständigkeit.

Abendpfauenauge
Apfel
Birne
Kirsche
Korbweide
Pappel
Pflaume
Salweide
Schlehe
Traubenkirsche
Admiral
Brennnessel
Aurorafalter
Knoblauchsrauke
Nachtviole
Silberblatt
Wiesenschaumkraut
Brauner Waldvogel
Aufrechte Trespe
Glatthafer
Raue Segge
Roter Schwingel
Rotes Straußgras
Wiesenlieschgras
C-Falter
Große Brennnessel
Haselnuss
Hopfen
Rote Johannisbeere
Salweide
Stachelbeere
Ulme
Dickkopffalter
Weiches Honiggras
Wolliges Honiggras
Distelfalter
Ackerkratzdistel
Eselsdistel
Große Brennnessel
Wegdistel
Hauhechelbläuling
Dornige Hauhechel
Hopfenklee
Hornklee
Sumpfhornklee
Kleiner Feuerfalter
Kleiner Ampfer
Kleiner Fuchs
Große Brennnessel
Kleiner Kohlweißling
Ackerhellerkraut
Ackersenf
Kohl
Radieschen
Raps
Rettich
Schleifenblume
Steinkraut
Wegrauke
Landkärtchen
Große Brennnessel
Ligusterschwärmer
Esche
Liguster
Schneeball
Mittlerer Weinschwärmer
Echter Wein
Fleißiges Lieschen
Fuchsie
Gewöhnliche Nachtkerze
Sumpfcalla
Waldweidenröschen
Wilder Wein
Springkraut
Zottiges Weidenröschen
Ochsenauge
Aufrechte Trespe
Federgras
Flaumhafer
Roter Schwingel
Schafschwingel
Schachbrett
Aufrechte Trespe
Fiederzwenke
Flaumhafer
Gewöhnliches Rispengras
Roter Schwingel
Schafschwingel
Waldzwenke
Schwalbenschwanz
Breitsame
Fenchel
Haarstrang
Hasenohr
Karotte
Kleine Bibernelle
Liebstöckel
Pastinak
Petersilie
Wiesenkümmel
Wilde Möhre
Tagpfauenauge
Große Brennnessel
Taubenschwänzchen
Echtes Labkraut
Wiesenlabkraut
Zitronenfalter
Faulbaum
Gewöhnlicher Kreuzdorn

Boden fallen. Doch auch diese Strategie führt zum Erfolg. Die Miniraupen gehen einfach der Nase nach und finden ihre Leibspeise in allernächster Nähe.
Ein Schmetterlingsweibchen bei der Eiablage ist interessant zu beobachten: Bei seinem typischen Suchflug schaukelt es auffällig dicht über dem Boden durch die

Friss nicht oder stirb: Drohstellung der Ligusterraupe.

Wer dereinst hübsch werden will, muss fleißig fressen: Zitronenfalter am Faulbaum.

Blütenraub auf bunter Flur: Aurorafalter am Wiesenschaumkraut

Vegetation, statt über dem Blütenhorizont zu schweben, wenn es Nektar sucht. Hin und wieder setzt es sich kurz an bestimmten Pflanzen nieder und krümmt zur Eiablage den Hinterleib ans Blatt, um dann in gleicher Art weiterzuflattern. Ihre auf den speziellen Geruch der Raupenpflanze abgestimmten Sinnesorgane weisen ihnen sicher den Weg in dem Meer von Pflanzengerüchen.

... ZUR RAUPE

Schmetterlingseier sind zart und wenig dauerhaft. Sie schützen nicht gegen längere Austrocknung oder Frost. So erstaunt es wenig, dass die im Garten fliegenden Arten nicht als Ei überwintern, so wie es viele andere Insekten tun. Sie fressen sich lieber vorher noch ein wenig „Raupenspeck" an, um so gestärkt in den Winter zu gehen. Sobald im Frühling ihre Futterpflanzen austreiben, sind sie wieder bei ihrer Hauptbeschäftigung: fressen, fressen, fressen.
Doch wovon ernähren sich die Raupen der Gartenschmetterlinge eigentlich? Und wo wachsen ihre Futterpflanzen?
Sobald sie geschlüpft sind, vertilgen Raupen Unmengen von grünen, zarten Blättern. Jede Schmetterlingsart hat ihre Lieblingspflanze, manche sind so stark spezialisiert, dass sie nur an einer Pflanzenart fressen. Das heißt: Wir brauchen in unserem Garten einen bunt gedeckten Tisch mit all den verschiedenen Futterpflanzen, damit sich viele Schmetterlinge wohlfühlen. Je mehr und unterschiedlicher die Lebensräume, desto mehr und unterschiedlicheren Arten können wir eine neue Heimat geben.
Das wichtigste Biotopelement sind zweifelsfrei selten gemähte Blumenwiesen. Nahezu die Hälfte der in diesem Buch genannten Arten pflanzt sich hier fort. **Aurorafalterraupen** benötigen feuchte oder trockene Blumenwiesen oder wenigstens Wildblumenbeete, wo ihre Raupenpflanzen wachsen. Wiesenbewohner sind außerdem die Raupen von **Braunem Waldvogel**, **Dickkopffalter** und **Hauhechelbläuling**. Auch **Kleiner Feuerfalter**, **Schachbrett** und **Ochsenauge** haben hier ihre „Raupenstube". Sogar **Schwalbenschwanz** und

Taubenschwänzchen zählen zu dieser Gruppe.
Mit Beerenobststräuchern, alten Obstgehölzen, Wildsträucherhecke und heimischen Kleingehölzen fördern wir **Abendpfauenauge**, **C-Falter**, **Ligusterschwärmer** und **Zitronenfalter**.
Am Teichufer finden **Weinschwärmerraupen**, was sie brauchen.
Die Brennnesselliebhaber treten sehr zahlreich auf: Raupen von **Tagpfauenauge**, **Kleinem Fuchs**, **Landkärtchen**, **Distelfalter** und **Admiral** lieben diese stechenden Blätter.
Nur „Allerweltsschmetterlinge" wie der **Kleine Kohlweißling** kommen überall zurecht, notfalls auch im Gemüsegarten.
Der durch Raupen entstehende Blattfraß ist dabei leicht zu verschmerzen. Dagegen sind heimische Wildpflanzen gefeit. Sie treiben nach kurzem wieder frisch und grün aus. In Jahrtausende altem Wechselspiel haben sich Schmetterlinge und Pflanzen aneinander anpassen können. Keine einzige Pflanze geht deshalb zugrunde.
Dazu müssen wir unser eigenes Bild von einem schönen Garten ein wenig der Natur anpassen. Denn in der nahezu unberührten heilen Welt der Hochglanz-Gartenkataloge haben zerfressene Blattspreiten keinen Platz. Doch diese Welt ist eine sterile, ja zuweilen hochgiftige Kunstwelt. Auf Rasenflächen und in übersichtlich aufgeräumten Gärten voller exotischer und Zierstauden wachsen kaum Raupenfutterpflanzen, auch nur wenige Nektarspender. Hier lauert stattdessen höchste Gefahr: Meisen, Stare und andere hungrige Fressfeinde haben beim Schmetterlingsfangen leichtes Spiel. Auch mit Fichten, Thuja-Hecken und Rhododendron können **Dickkopffalter**, **Schwalbenschwanz** und ihre Verwandten nichts anfangen.

Aber wer wollte seine Kinder ohne die bunten Gaukler groß werden lassen? Ein Schmetterlingsgarten wird also immer zu großen Teilen ein naturnaher Garten sein müssen, mit vielen wunderschön blühenden heimischen Wildpflanzen.

Rühr-mich-nicht-an: Distelfalter an Distel

Feuchtes Abenteuer: Weinschwärmer hangelt und frisst an Sumpfcalla.

Abendstillleben mit liebenswertem Schmetterling: Distelfalter auf Wasserdost

Praxistipps für alle Lebensräume

Wildpflanzen für die Zukunft

Schmetterlinge brauchen nicht nur bunte Blüten und Eiablagepflanzen. Sie benötigen verschiedene Lebensräume für ihre unterschiedlichen Bedürfnisse. Lebensraumvielfalt ist also ein wichtiges Ziel für den Schmetterlingsgärtner. Und am besten ist es natürlich, wenn viele von ihnen naturnah sind.

Wiege vieler Schmetterlingsraupen: Wildrose in Blütenpracht

Tankstopp am Natternkopf: Mittlerer Weinschwärmer

Sonnenplatz: Hauhechelbläulings-Weibchen

Falter-Flora aus Kultur und Natur: Bauerngarten

Lebensräume sind gefragt. Mit einem oder mehreren der folgenden Lebensraum-Beispiele in Ihrem Garten helfen Sie unseren heimischen Schmetterlingen. Dazu braucht es keinen besonders großen Garten. Auch ein kleines Beet mit Nektarspendern für die Falter und passenden Raupenfutterpflanzen ist ein guter Beitrag zum Schmetterlingsschutz. Wer über mehr Platz im Garten verfügt, kann ein ganzes Netz von Lebensräumen aufbauen. Seien Sie sicher: Das nutzt auch vielen anderen Wildtieren im Garten: Wildbienen, Hummeln und Vögeln ...

Nährstoffreiches Wildblumenbeet im Halbschatten: Glockenblumen und Co

NÄHRSTOFFREICHE BLUMENBEETE

Machen wir uns selbst die größte Freude und pflanzen hübsche Wildblumen, die gleichzeitig Schmetterlinge anziehen. An nährstoffreichen Standorten gibt es ein breites Spektrum an Pflanzen, die keine besonderen Ansprüche an den Boden stellen. Ein humoser Gartenboden, wie er fast überall vorhanden ist, reicht völlig aus. Falls er jedoch durch Beimischung von Steinen, Sand oder Kies nährstoffärmer geraten ist, schadet das auch nichts.

Auf nährstoffreichen Böden entwickeln sich prächtige Wildstauden von hohem ästhetischem Wert. Als Beispiel seien hier die Wilde Malve oder die Thüringer Strauchpappel mit ihren meterhohen Blütenständen genannt. Auch Moschusmalven oder blaue oder weiße Pfirsichglockenblumen locken viele Tagfalter herbei. Pflanzt man unter ein nährstoffreiches Wildblumenbeet zusätzlich heimische Bodendecker wie Leberblümchen oder Veilchen, erfreuen sich **Zitronenfalter** und **Kleiner Fuchs** schon ab Februar an

Kamillengraumönch auf Färberkamille

Hier können z. B. gepflanzt werden:

Breitblättrige Glockenblume
Echter Alant
Eisenhut
Färberkamille
Knoblauchsrauke
Königskerze
Kriechende Gemswurz
Krokusse
Leberblümchen
Moschusmalve
Nachtkerze
Nachtviole
Pfirsichglockenblume
Rainfarn
Ringelblume
Rittersporn
Rosenmalve
Seifenkraut
Silberblatt
Thüringer Strauchpappel
Veilchen
Vergissmeinnicht
Wiesenflockenblume
Wilde Karde
Wilde Malve

einem Energietrunk. Im April flattern **Aurorafalter** und Weißlinge vorbei. Später im Jahr werden unsere Wildblumen umgaukelt sein von einer großen Schar Schmetterlinge - fast alle Arten finden hier Nektar.
Obwohl es Schmetterlingen im Garten für gewöhnlich nicht an Nektarpflanzen mangelt, sondern eben an den Eiablagepflanzen für ihre Raupen, sind nährstoffreiche Blumenbeete eine gute Heimat für die meisten der auf Seite 13 genannten falterfreundlichen Exoten. In Kombination mit Wildpflanzen verlängern Dahlien und Herbstastern die Blütensaison für lang fliegende und überwinternde Arten wie den **Kleinen Fuchs** oder **Tagpfauenauge**. Phlox und Petunien bringen ein Extra-Angebot für tagaktive Nachtschwärmer wie das **Taubenschwänzchen** oder seine nachtaktive Verwandtschaft, den **Mittleren Weinschwärmer**. Wann immer Sie aber auf Zierpflanzen zurückgreifen, bitte wählen Sie ungefüllte Sorten; nur sie enthalten Nektar. So erweisen sich gefüllte Bartnelken als wertlos, während ungefüllte beliebte Nektarspender sind.

Der mit dem kleinen C tanzt: C-Falter am Echten Alant

Wilde Karde: Schwarm nicht nur der Distelfalter

NÄHRSTOFFARME BLUMENBEETE

Hier können z. B. gepflanzt werden:

Ackerglockenblume
Adonisröschen
Aufrechter Ziest
Bergjasione
Dornige Hauhechel
Färberkamille
Gelbe Resede
Gewöhnlicher Hornklee
Großblütige Königskerze
Haarstrang
Hasenohr
Heilziest
Kartäusernelke
Kopflauch
Mehlige Königskerze
Moschusmalve
Muskatellersalbei
Natternkopf
Ochsenauge
Quirlblütiger Salbei
Pechnelke
Taubenskabiose
Traubenhyazinthe
Tüpfeljohanniskraut
Wiesenküchenschelle
Wilder Majoran

Wenn Sie im Garten nur wenig Platz haben, ist ein nährstoffarmes Wildblumenbeet der einfachste Weg zum artenreichen Schmetterlingsparadies. Es reichen ein bis zwei Quadratmeter Fläche auf nährstoffarmem Boden aus Sand, Kies oder Schotter - wenn es mehr Fläche hat oder mehrere Beete sind... um so besser!
Was kaum einer glaubt, aber auf diesem nahezu nährstofffreien Untergrund wachsen die schönsten Wildpflanzen. Am besten kauft man vorgezogene Wildstauden in einer Wildpflanzengärtnerei (Adressen s. S. 60), denn dort erhalten Sie die gewünschten Arten tatsächlich; in konventionellen Gärtnereien oder Gartencentern bekommt man die speziellen Wildpflanzen nur sehr selten.
Und so geht's: Man gräbt ein Loch, etwas größer als der Wurzelballen, und gibt zwei Handvoll sterilen Kompost hinein. Jetzt die Wildstaude hineinstellen und das Pflanzloch mit Kies, Sand, Schotter oder Splitt füllen. Den Ballen damit etwa 3 cm hoch abdecken (mulchen). Für eine optimale Dichte pflanzen Sie ca. 6-8 Stück pro Quadratmeter. Die ersten Jahre muss, wie in jedem Naturgarten, gejätet werden - wir entfernen störende Gräser, Löwenzahn, Wegerich oder Disteln. Im Laufe der Jahre werden auch die Wildpflanzen teilweise gejätet, weil sie sich

Nektarsaugendes Blutströpfchen auf einer Skabiosenflockenblume

Paarung des Rostfarbigen Dickkopffalters auf Hornklee

Ein Traum für Falter und ihre Freunde: Steppensalbei, Spornblume, Königskerze und Aufrechter Ziest

zu stark ausbreiten. Insgesamt kommen wir jedoch beim mageren Wildblumenbeet mit einem Zehntel der Pflegezeit aus wie für eine konventionelles Staudenbeet. Die trockenen Stängel schneidet man erst im Frühling ab.

Männlicher Hauhechelbläuling auf Thymian

Wie sich das magere Wildblumenbeet entwickelt, hängt ganz von der Artenzusammensetzung ab. Der Blütenreigen beginnt mit Küchenschellen und Adonisröschen im März und April. Hiermit päppeln wir **Zitronenfalter** und **Kleinen Fuchs** nach langer Winterstarre wieder hoch. Steckt man zusätzlich pro Quadratmeter noch 5-10 Blumenzwiebeln wie Traubenhyazinthen, vergrößern wir das im Vorfrühling noch karge Nektarangebot, sehr zur Freude von **Aurorafalter** und **Tagpfauenauge**. Ab Mai geht es dann Schlag auf Schlag: Pechnelken färben das Beet rot, im Juni wird es dann moschusmalvenrosa und ochsenaugengelb. Der Juli bringt ackerblumenblau, der August hebt majoranrosa hervor. Und jeden Monat ist das Beet umflattert von Schmetterlingen aller Arten, etwa **Taubenschwanz**, **Ochsenauge** oder **Bläulingen**. Mit anderen Worten: Es herrschen nahezu paradiesische Zustände.

Maienandacht: Prachtnelke im Sumpfbeet

Labkrautschwärmer im artistischen Kunstflug an Prachtnelke

FEUCHTE UND FRISCHE BLUMENBEETE

Das feuchte Blumenbeet bietet einen Standort, den wir sonst im Garten selten finden. Im Sumpfpflanzenbeet wachsen Pflanzenarten, die „nasse" Füße mögen. Wir leiten den Abfluss der Regenrinne in ein mit Folie ausgekleidetes Becken. Bei dichten und staunassen Böden kann man die Folie einsparen. Als Substrat zur Füllung verwendet man den anstehenden Boden, der in der Regel nährstoffreich ist. Doch auch mit nährstoffarmen Substraten wie Sand und Kies und sogar mit torfhaltigen Böden lassen sich Sumpfbeete anlegen. Die Bepflanzung erfolgt mit heimischen Blumenzwiebeln und Wildstauden. Im März und April werden wir mit Blaustern und Schachbrettblume **Aurorafalter**, **Zitronenfalter**, den **Kleinen Fuchs** oder auch **Weißlinge** anlocken.

Die langkelchigen Röhren der Prachtnelke bleiben den Schwärmern vorbehalten. Mit etwas Glück begegnet uns der **Windenschwärmer**, ein unsteter Geselle, der durch seine imposante Größe auffällt. Ende April, Anfang Mai ist Wiesenschaumkraut unser Lockmittel für den **Aurorafalter**. Sumpfvergissmeinnicht mit seinen himmelblauen Blüten versorgt andere durstige Schmetterlinge. Der Wasserdost zieht mit seinen breiten Blütenständen erst ab Juli die hungrigen Falter an. Ab Jahresmitte können wir auch **Weinschwärmerraupen** erwarten: An einer ihrer Lieblingsfutterpflanzen, dem Zottigen Weidenröschen.

Admiral am Wasserdost: Die Sache von unten betrachtet

Hier können z. B. gepflanzt werden:

Duftender Lauch
Echter Baldrian
Gelbe Taglilie
Gelbe Wildnarzisse
Färberscharte
Langblättriger Ehrenpreis
Märzenbecher
Prachtnelke
Schachbrettblume
Sibirische Schwertlilie
Sibirischer Blaustern
Sumpfhornklee
Sumpfvergissmeinnicht
Wasserdost
Wiesenschaumkraut
Zimtrose
Zottiges Weidenröschen

Schachbrettblumen: Falterbesuch garantiert

HEIL- UND GEWÜRZKRÄUTERBEETE

Beginnen wir mit dem Salbei. Ihn gibt es in vielerlei Variationen. Vom Gartensalbei bis hin zum heimischen Wiesensalbei. Und immer sind seine Blütenstände umschwärmt. **Landkärtchen** finden sich dort wie **Zitronenfalter** oder **Schwalbenschwanz**. Als ebenso innig geliebt erweist sich Lavendel, der von **Weißlingen**, **Tagpfauenaugen** und anderen Arten besucht wird. Zusammen mit der Weinraute gepflanzt, entsteht nicht nur eine farblich anmutige Kombination, sondern auch Anreiz für Gaumenfreuden (Weinraute als Salatbeigabe) und Lavendel-Duftkissen. Nicht zu übertreffen in der Sogwirkung auf Schmetterlinge ist ferner der Wilde Majoran, der wie der Echte oder der Gartenmajoran sehr attraktiv ist. Zur Blütezeit ab Hochsommer ist er umlagert von Tagfaltern, und in den Abendstunden kommen die Nachtschwärmer hinzu. **C-Falter** und **Zitronenfalter**, **Landkärtchen** und **Admiral**, **Ochsenauge** und **Distelfalter**, natürlich auch **Tagpfauenauge** und **Kleiner Fuchs** geben sich hier ein Stelldichein.
Beim Würzkräuterbeet für schmetterlingsliebende Menschen sollten wir daneben die Minzenarten nicht vergessen. Wichtig ist, dass die Blattdufter wirklich zur Blüte gelangen, dann nützen sie den Faltern. Denn ihre mit Aromastoffen vollgestopften Blätter sind für jede Raupe reinstes Gift. Ähnlich ist es mit dem Thymian: auch ihn fressen keine Raupen. Aber praktisch das ganze Falterspektrum des Hochsommers fliegt auf ihn. Wollen wir auch etwas für den Nachwuchs tun, sollten im Beet Dill und Kümmel nicht fehlen. **Schwalbenschwanz**raupen werden danken.

Wo man sich nährt, liebt man sich: Zitronenfalterpaarung am Salbei.

Hier können z. B. gepflanzt werden:

Arnika
Bergminze
Dill
Diptam
Echter Majoran
Gewöhnlicher Thymian
Huflattich
Kapuzinerkresse
Katzenminze
Kümmel
Lavendel
Pfefferminze
Ringelblume
Salbei
Sandthymian
Schmalblättriges Weidenröschen
Schnittlauch
Spearmintminze
Steinquendel
Tüpfeljohanniskraut
Ysop
Weinraute
Wilder Majoran
Winterbohnenkraut
Zitronenmelisse
Zitronenthymian

Die Ansprüche an den Boden der meisten Heil- und Gewürzpflanzen sind gering. Etwas mit Sand oder Kies abgemagerte Erde an sonnigen Stellen passen den meisten Arten gut. Obwohl die konkurrenzstarken Minzenarten hier auch wachsen, lieben sie in Wirklichkeit feuchtere Flecken. Mit Ausnahme von Berg- und Katzenminze; sie überwuchern am liebsten steiniges Terrain. Das gilt auch für Thymian mit all seinen Arten und Sorten. Schon aufgrund ihrer geringen Wuchskraft gehören sie an den Sonnenrand eines jeden Beetes, wo sie zumindest von einer Seite Licht und keine Konkurrenz haben. Als sehr kompakte Beetform bietet sich eine Kräuterspirale an. Leider ist es trotzdem unmöglich, all die genannten Arten auf einer Fläche unterzubringen, so dass die Qual der (Aus)Wahl bleibt. Doch seien wir sicher: Was immer wir auch tun, es ist richtig. Für Schmetterlinge und letzten Endes auch für uns.
Im Blumenbeet mit Heil-, Gewürz- und Duftkräutern lassen sich außerdem beobachten: **Brauner Waldvogel**, **C-Falter**, **Dickkopffalter**, **Hauhechelbläuling**, **Schachbrett** und **Taubenschwänzchen**.

Duftiges Erlebnis: Tagpfauenauge auf Majoran

Dreigestirn im Duftbeet: Lavendel, Weinraute und Zitronenkraut

NÄHRSTOFFREICHER BLUMENRASEN

Ein Kompromiss zwischen dem eintönigen Schurrasen aus reinem Gras und der hochwüchsigen, wildblumenreichen Wiese ist der Blumenrasen. Er bietet Lebensraum und ist trotzdem strapazierfähig. Er eignet sich für häufig begangene oder bespielte Flächen in Hausgärten und öffentlichem Grün, also z. B. für Spielrasen, Wäscheplatz, als Mähweg durch eine Wiese. Als Erdmischung eignet sich Mutterboden. Falls er sehr nährstoffreich ist, bitte vor der Einsaat eine fünf Zentimeter dicke Schicht Sand einmischen. Sehr magere Böden können gleich mit dem Blumen-Schotterasen (s. S. 30-31) besät werden. Der nährstoffreiche Blumen- oder auch Kräuterrasen wird maximal 10-20 cm hoch. 5-8 Schnitte mit dem hochgestellten Rasenmäher pro Saison lassen nur noch Arten gedeihen, die so regenerationsfreudig sind, dass sie trotzdem blühen. Das erste Mal wird meist im Mai gemäht, in der Hauptwuchszeit bis August dann ungefähr alle drei bis vier Wochen, danach je nach Bedarf. Vor allem in trockenen Sommern bleibt der Be-

Farbtupfer: Zitronenfalter am Orangeroten Habichtskraut

Krokus als Muss: Nektarspeise für Zitronenfalter, Kleinen Fuchs, Tagpfauenauge…

stand im Hochsommer auch ohne Mahd niedrig, jetzt können anspruchsvollere Arten wie Schafgarbe oder Wiesenmargerite zur Blüte gelangen.
Der blühende Blumenrasen bringt uns schon im April Besucher. **Aurorafalter** umgaukeln das Wiesenschaumkraut, Futterpflanze von alt und jung. Im Mai sind besonders viele Falterarten da. Einen nicht zu verachtenden Blüteneffekt bringen zusätzlich gesteckte Blumenzwiebeln. Krokusse und Märzenbecher läuten das Frühjahr ein und nähren erste **Zitronenfalter**. Weitere attraktive Blüher für Kräuterrasen wären Schneeglöckchen. Auch die gelbe Wildnarzisse lockt frühen Falterbesuch an, etwa die schon im Vorfrühling aktiven **Tagpfauenaugen**.
Auf nährstoffreichen Blumen- oder Kräuterrasen tummeln sich auch später im Jahr viele attraktive Falter. Sehr oft können wir den **Kleinen Fuchs** beobachten, wenn er am Kriechenden Günsel saugt. Auch Pippau, Ferkelkraut oder Habichtskraut sind beliebte Blütenstände. Für **Kohlweißlinge** ist der Blütenteppich einfach zu verlockend. Auch für Raupen ist gesorgt. Mit etwas Glück finden sich **Taubenschwänzchen**raupen am Echten Labkraut ein. Es bevorzugt sonnige, trockenere Stellen. Ähnlich ist es mit **Bläulings**raupen. Damit Weibchen am Hornklee Eier ablegen, hat er ebenfalls sonnig und trocken zu stehen. Außerdem muss man solche Flächen von der Mahd aussparen.

Blumenrasen zur Augenweide: Kriechender Günsel, Gänseblümchen, Löwenzahn

Schmetterlingstrunk: Aurorafalter am Kriechenden Günsel

Hier können z. B. gepflanzt werden:

Echtes Labkraut
Efeugundelrebe
Gamanderehrenpreis
Gänseblümchen
Gewöhnlicher Hornklee
Gewöhnliches Ferkelkraut
Gewöhnliches Rispengras
Grüner Pippau
Herbstlöwenzahn
Kleine Brunelle
Knolliger Hahnenfuß
Kriechender Günsel
Orangerotes Habichtskraut
Rauer Löwenzahn
Schafgarbe
Wiesenkammgras
Wiesenmargerite
Wiesenrispengras
Wiesenschaumkraut

Blumen-Schotterrasen: Lebendige Wege für Mensch und Tier

BLUMEN-SCHOTTER-RASEN

Sie kennen dieses Bild: Eine Hofeinfahrt und der Parkplatz als graue Ödnis aus Betonsteinen. Auch einfache Fußwege im Garten werden gegen jeden ökologischen Verstand und ziemlich teuer gleich mitgepflastert.
Kennen Sie auch dieses Bild? Der Gartenweg sieht ziemlich lebendig aus. Zwischen dem Schotter sprießt mit hartnäckiger Standhaftigkeit Sandthymian. An warmen Tagen strömt ein Duft in die Nase, der uns sonst an gute Pizza erinnert. Am Wegrand blüht prächtiger Natternkopf im edlen Blau, umschwirrt von **Dickkopffaltern**, dem **Zitronenfalter** und **Weißlingen**. An der Heidenelke saugen - bequem im Sitzen - **Kleiner Fuchs** und - im kraftzehrenden Schwirrflug - das **Taubenschwänzchen**. Gegen Abend tauchen am Taubenkropf-Leimkraut auch Nachtaktive auf wie **Ligusterschwärmer** oder der **Mittlere Weinschwärmer**.
Betonierte Ödnis oder liebliches Pflanzenparadies - wir können wählen. Der Blumen-Schotterrasen ist in jedem Fall die lebendigere Form des Weges.
Das Anlegen ist ganz einfach. Auf den Unterbau aus 20-30 cm Wandkies oder grobem Schotter kommt eine Deckschicht aus 10 cm feinerem Schotter. Er heißt auch Mineralbeton (Mineralgemisch) und besteht aus Schotterteilen der Korngröße 0 bis 32 mm. In diese Schicht wird oberflächig mit dem Rechen eine dünne Lage steriler Grünkompost eingemischt - bitte nur maximal 5-10 Liter/m². Wer Grünkompost nicht findet, verwendet Rindenhumus

aus dem Gartencenter – das ist aus Rindenmulch kompostierte Erde. Jetzt wird der Belag mit Rüttelplatte oder Handstampfer verdichtet. Dann streuen Sie die speziell von Mitgliedsfirmen des Naturgarten e.V. entwickelte Mischung für Blumen-Schotterrasen darüber. Eingesät wird von Hand. Ein Blumen-Schotterrasen ist der ideale Kompromiss zwischen einer begehbaren oder auch mit Fahrzeugen befahrbaren Fläche und einem Stück reiner Natur. Er lässt Regenwasser versickern und bringt gleichzeitig jede Menge Leben auf sonst sterile Flächen. Viele Schmetterlinge wissen das zu schätzen. Das Blütenangebot ist breit und reicht fast für eine ganze Saison.

Leben am Rande: Schachbrett am Schafschwingel

Vom Frühlingsfingerkraut im März bis hin zum Echten Labkraut im Hochsommer gibt es für sie immer etwas zu naschen. Sogar als Kinderstube eignet sich eine solche Einsaat, finden sich hier doch Gräser für die Raupen vom **Schachbrett**, **Ochsenauge** oder **Braunem Waldvogel**. Sogar **Taubenschwänzchen** werden fündig, Labkraut lockt als Raupenfutterpflanze. Da Blumen-Schotterrasen so wenig Aufwuchs bringen, müssen sie nie gemäht werden; davon profitieren besonders **Hauhechelbläulinge**. Am Hornklee finden sie Eiablagestellen.

Duftender Nährweg: Schachbrett auf Thymian

Hier können z. B. gepflanzt werden:

Bergjasione
Echtes Labkraut
Felsennelke
Frühlingsfingerkraut
Gewöhnlicher Hornklee
Gewöhnlicher Thymian
Gewöhnliches Ferkelkraut
Große Brunelle
Haarschafschwingel
Heidenelke
Kartäusernelke
Kleines Habichtskraut
Mittlerer Wegerich
Natternkopf
Rotes Straußgras
Rotschwingel
Rundblättrige Glockenblume
Sandthymian
Schafgarbe
Schafschwingel
Scharfer Mauerpfeffer
Gemeines Leinkraut
Sonnenröschen
Taubenkropfleimkraut
Weißer Mauerpfeffer

Wiesenwitwenblume mit Gast: Ochsenauge

NÄHRSTOFFREICHE BLUMENWIESE

Eine nährstoffreiche Blumenwiese ist nicht auf einem Humusboden anzulegen. Vielmehr muss auch hier der Boden in aller Regel mit einer Lage Sand oder Kies abgemagert werden. Und so geht's: Bestehenden Rasenbewuchs mitsamt dem Wurzelfilz etwa 10 cm tief abtragen. Mit dem Aushub lässt sich ein Hügel errichten, der mit 30 cm Sand oder Kies abgedeckt wird – und z. B. als weiteres mageres Wildblumenbeet dienen kann. Der fehlende Oberboden wird nun durch eine 10 cm dicke Lage Sand oder Kies ersetzt und mit dem Unterboden vermischt. Hierein kann jetzt gesät werden. Nur auf abgemagerten Böden können sich die Arten der nährstoffreicheren Blumenwiesen langfristig halten. Doch genauso wichtig ist die Wahl des richtiges Saatgutes. Es sollte keinen Weiß- oder Rotklee enthalten, die sich stark verbreiten und als Stickstoffsammler Nährstoffe anreichern. Es bedarf auch nicht der wüchsigen Kulturformen von heimischen Wildblumen. Geeignetes Saatgut bekommen Sie weder im Gartencenter noch im Baumarkt, sondern nur bei den Wildsamenproduzenten des Naturgarten e.V. Hier gibt es hervorragende Mischungen auch für nährstoffreichere Standorte.

Hier können z. B. gepflanzt werden:

Echtes Labkraut
Gewöhnlicher Hornklee
Großer Klappertopf
Herbstlöwenzahn
Hopfenklee
Kleine Brunelle
Pastinak
Rauer Löwenzahn
Sauerampfer
Taubenkropfleimkraut
Wiesenflockenblume
Wiesenglockenblume
Wiesenmargerite
Wiesensalbei
Wiesenschafgarbe
Wiesenschaumkraut
Wiesenwitwenblume
Wilde Esparsette
Wilde Möhre

Eine nährstoffreiche Blumenwiese bringt viele Schmetterlinge von A wie **Admiral** bis Z wie **Zitronen-**

Aus zwei mach eins mach viele: Paarung des Kleinen Feuerfalters

falter. Steckt man Krokusse und Wildnarzissen, wird die Schmetterlingssaison schon im März eröffnet. Dann flattern in Sonnenstunden **Zitronenfalter**, **Kleiner Fuchs** und **Tagpfauenauge** herum. Im April gesellen sich **Aurorafalter** hinzu. Zu den attraktiven Nektarspendern gehören Wiesensalbei, Wiesenwitwenblume (Knautie) und Flockenblumen, an jeder kann man mehr als ein Dutzend Schmetterlingsarten erleben. Auch für Nachtschwärmer ist gesorgt - mit Roter Nachtnelke und Taubenkropfleimkraut werden sie bedient. Wiesenlabkraut eignet sich als Futterpflanze für **Taubenschwänzchen**-Raupen und Hornklee für **Bläulinge**, während die verschiedenen Gräser für den Nachwuchs von **Braunem Waldvogel**, **Dickkopffalter**, **Ochsenauge** und **Schachbrett** gut sind. Mit etwas Glück finden sich an Pastinak oder Wilder Möhre auch die seltenen Raupen des **Schwalbenschwanzes** ein.

Löwenzahn hat's mir angetan: Zitronenfalter.

Artenreich und attraktiv: Wildblumenwiese mit Wilder Esparsette, Wiesenlabkraut und Wiesensalbei

Kleeliebhaber der Magerwiesen: Hauhechelbläuling

NÄHRSTOFFARME BLUMENWIESE

Wer effektiv für seltene Schmetterlinge sorgen will, braucht eine nährstoffarme Blumenwiese. Sie ist die größere Schwester des nährstoffarmen Wildblumenbeetes (Seite 22) und bietet sich bei mehr Platz an. Dieses Naturgartenelement eignet sich für alle sandigen, kiesigen oder steinigen Böden. Man kann sich eine Magerwiese auch dadurch schaffen, indem man den Oberboden entfernt oder alternativ 30-40 cm hoch Sand oder Kies oder Schotter aufschüttet. Etwas Grünkompost eingemischt (s. S. 30), anschließend wird eine hochwertige Wildblumenmischung für Magerstandorte eingesät. In Gartencenter und Baumarkt wird man dabei keine geeignete Mischung finden, dafür aber bei Wildsamenproduzenten des Naturgarten e.V. Zusätzlich sollte man Wildstauden wie Küchenschellen, Adonisröschen, Graukresse oder auch Zwiebeln wie Traubenhyazinthen oder Kopflauch stecken. Beim Falterleben auf solchen Plätzen verliert man schnell den Überblick, so viele Arten profitieren davon. Darunter auch eher seltene Besucher wie der **Aurorafalter**, der seine Eier nicht nur am Wiesenschaumkraut, sondern genauso erfolgreich an der Graukresse ablegt. Tendiert der Boden ins Saure, findet der **Kleine Feuerfalter** am Kleinen Ampfer seine ideale Futterpflanze. Die magere Blumenwiese blüht dank Majoran und Taubenskabiose auch noch spät im Jahr und liefert uns prachtvolle Schmetterlingsbilder. An Sonnentagen flattert es hier nur so.
Magerwiesen sind ein Paradies für fast alle Gartenschmetterlinge. Der **Admi-**

Als Puppe schon ein Schachbrett

Wundklee passt gut zum Dickkopf und umgekehrt.

Hier können z. B. gepflanzt werden:

Adonisröschen
Breitsame
Bergjasione
Dornige Hauhechel
Gewöhnlicher Hornklee
Kartäusernelke
Kleiner Ampfer
Kopflauch
Moschusmalve
Natternkopf
Ochsenauge
Pechnelke
Taubenskabiose
Traubenhyazinthe
Tüpfeljohanniskraut
Wiesenküchenschelle
Wilder Majoran
Wundklee

Falterparadies: Ochsenauge, Kartäusernelke und Wundklee

ral findet genauso Nektar wie die sehr seltenen **Blutströpfchen**, buntgescheckte Falter aus der Familie der Widderchen. Wir begegnen **Braunem Waldvogel** und **C-Falter**. Im Hochsommer treffen wir verschiedene Arten von **Dickkopffaltern** an. Und auch **Distelfalter** bleiben uns treu. Für Magerwiesen charakteristische Arten sind ferner die seltenen **Hauhechelbläulinge, Ochsenaugen**, **Schachbrett** und **Schwalbenschwanz**. Doch auch Allerweltsarten wie **Kleiner Fuchs**, **Kohlweißling**, **Tagpfauenauge** und **Landkärtchen** zeigen sich. Nicht zu vergessen die hübschen **Taubenschwänzchen**.

FEUCHTE BLUMEN-WIESE

Wer keine mageren Böden hat oder nicht tonnenweise Kies oder Sand heranschaffen möchte, legt sich eine Feuchtwiese an. In manchen Gegenden regnet es so viel, dass sich bei staunassen Böden dieser Lebensraum von alleine anbietet. Oder man lässt das Dachrinnenwasser in einer sanft geneigten Mulde versickern. Schon ist ein feucht-nasser Standort geschaffen. Bei Feuchtwiesen darf der Boden ruhig nährstoffreich sein, wobei auch ärmere Substrate positiv sind.
Das Falterleben beginnt hier im März, mit den ersten **Zitronenfaltern** an Hohen Schlüsselblumen. Im April folgen **Aurorafalter**, die mit Vorliebe am Wiesenschaumkraut saugen und dort ab Mai auch Eier an den Blütenständen ablegen. Raupenfutter gibt es außerdem mit Weidenröschen für den Nachwuchs des **Weinschwärmers**.
Im Frühling färbt sich die Feuchtwiese rot. Die Rote Nachtnelke lockt **Zitronenfalter** und - nachts - allerlei Schwärmervolk an, etwa **Mittlere Weinschwärmer**.

Feuchtwiese: Scharfer Hahnenfuß und Kuckuckslichtnelke

Sommergeneration des Landkärtchens am Wasserdost

Zwei Wochen später beginnt die Blüte der Kuckuckslichtnelke mit ihren feinzerzausten Blütenblättern. Am Boden macht sich gleichzeitig das Gelb des Kriechenden Hahnenfußes breit, eine Lieblingsnektarpflanze des **Kleinen Feuerfalters**. Überragend gelb strahlt dafür der Knollige Hahnenfuß.
Zusätzlich zu einer qualitativ hochwertigen Saatmischung (siehe Bezugsquellen) sollte man noch nicht in der Mischung enthaltene Arten zupflanzen. Hervorzuheben als Schmetterlingsmagnet ist etwa der Baldrian, eine Heilpflanze, die Unmengen von Faltern anzieht. Himmelblau blühendes Sumpfvergissmeinnicht und sonnengelber Weidenalant sind auch attraktive Ergänzungen; nicht zu vergessen auch Bachnelkenwurz und den hübschen Sumpf- wie den Wiesenstorchschnabel. Empfehlenswert ist weiterhin der Teufelsabbiss, der mit seiner späten Blüte viel Gutes tut.
An dem reichen Flor der feuchten Blumenwiesen saugen viele unserer Gartenschmetterlinge. Neben den erwähnten Arten trifft man häufig auf den **Kleinen Fuchs**, der sehr viele verschiedenartige Blüten abklappert. Auch **Landkärtchen** sind dem Blütenangebot nicht abgeneigt, wir finden sie etwa auf Baldrian oder am Weidenalant. Außer einigen anderen Weißlingsarten, die im Flug schwer auseinander zu halten sind, lassen sich die überall häufigen **Kohlweißlinge** auch auf den feuchten Wiesen blicken. Ebenso **Tagpfauenaugen**, die in bezug auf Nektarspender ebenfalls nicht wählerisch sind und nahezu jede für sie zugängliche Blüte nutzen.

Hier können z.B. gepflanzt werden:

Bachnelkenwurz
Echter Baldrian
Gelbe Wildnarzisse
Hohe Schlüsselblume
Kuckuckslichtnelke
Märzenbecher
Prachtnelke
Rote Nachtnelke
Schachbrettblume
Sibirischer Blaustern
Sumpfhornklee
Sumpfstorchschnabel
Sumpfvergissmeinnicht
Teufelsabbiss
Weidenalant
Wiesenschaumkraut
Zottiges Weidenröschen

Landeanflug: Weinschwärmer vor Roter Nachtnelke

WILDBLUMENSÄUME

Säume sind Räume. Gerade die Übergänge von Rasen oder Wiese zur Hecke, die Randbereiche zum Nachbarn oder zur Straße können wir in artenreiche Falterlebensräume verwandeln. Hier wachsen Arten, die höchstens nur einmal im Herbst oder im kommenden Frühling abgeschnitten werden dürfen. Deshalb finden hier besonders Raupen günstige Voraussetzungen, die sich ungestört groß fressen und verpuppen. Die Böden für artenreiche Säume dürfen nicht allzu nährstoffreich sein – am besten man folgt den Hinweisen zur Anlage einer nährstoffreichen Blumenwiese (s. S. 32). Wunderschöne Saumpflanzen sind etwa die Bunte Kronwicke, nicht nur von der botanischen Zuordnung als Schmetterlingsblütler eine Schmetterlingspflanze, sondern als lang blühende und vor allem spät blühende Art nahezu unverzichtbar im Faltergarten. Auch der violette Quirlblütige Salbei und die rosarote Knollenplatterbse rangieren ganz oben. Nicht missen möchte man Wegwarten und als ebenso treuen Saumbewohner den Wirbeldost. Wie der Wilde Majoran steht er in der Beliebtheitsskala weit vorn.

Säume erweisen sich als überreiche Nektarquellen für fast alle Gartenschmetterlinge. Wir treffen **Aurorafalter** oder **Distelfalter**. Es begegnen uns **Kleiner Fuchs** oder **Kohlweißlinge** und natürlich **Tagpfauenaugen** oder die **Landkärtchen** und **Zitronenfalter**. Doch der Saum bietet auch Raum für eher seltene Kandidaten: Damit zaubern wir **Hauhechelbläulinge** herbei, den **Braunen Waldvogel** und mit etwas Glück sogar

Ein Saum wie ein Traum: Quirlblütiger Salbei und Bunte Kronwicke

Hier können z. B. gepflanzt werden:

Brennnessel
Bunte Kronwicke
Echter Baldrian
Echtes Seifenkraut
Färberkamille
Gewöhnlicher Hornklee
Hohe Schlüsselblume
Knoblauchsrauke
Knollenplatterbse
Kugeldistel
Kuckuckslichtnelke
Nachtkerze
Nachtviole
Pastinak
Quirlblütiger Salbei
Rote Nachtnelke
Silberblatt
Skabiosenflockenblume
Springkraut
Sumpfstorchschnabel
Waldvergissmeinnicht
Wiesenflockenblume
Wiesenschlüsselblume
Wilde Karde
Wilde Möhre
Wilder Majoran
Wirbeldost
Zottiges Weidenröschen

Flockenblumen solche für **Scheckenfalter**, während Hornklee **Bläulingsraupen** gehört. An Pastinak und Wilder Möhre raspeln **Schwalbenschwanz**raupen. Auch Gräser für den Nachwuchs von **Braunem Waldvogel**, **Ochsenauge**, **Schachbrett** und **Dickkopffalter** finden sich zur Genüge. Im Saum züchten wir für **Weinschwärmer** Springkrautpflanzen oder Nachtkerzen. Doch alle die bislang genannten Pflanzen gehören auf die Sonnenseite der Hecke. Im Schatten geht es nährstoffreicher und feuchter zu. Hier gedeihen Knoblauchsrauke, Nachtviole und Silberblatt, ein Angebot für **Aurorafalter**weibchen. Und vielleicht ist auch noch etwas Toleranz da für eine Brennnesselecke, worüber sich die Raupen von mehr als einem Dutzend Falterarten freuen würden.

Zwischenstopp: Landkärtchen am Wilden Majoran

Kleine Feuerfalter. Fehlt noch was? Etwa der nächtliche Schwirrflug des hübschen **Mittleren Weinschwärmers** oder – als Rarität – der von **Ligusterschwärmern**. Mit Labkräutern bieten wir Raupenpflanzen für **Taubenschwänzchen**, mit

Paar-Punktlandung: Hauchelbläuling am Wiesenknopf

Brauner Mönch einmal farbig: Fraß an Königskerze

WEGRÄNDER

Wie bei den Säumen sind Wegränder oft vernachlässigte Schmetterlingsstandorte. Für ein wenig Naturnähe werden einzelne Trittplatten aus dem Gehweg entfernt oder man verzichtet auf starre Randbefestigungen aus Beton. An dieser Stelle bilden Sand und Schotter, Splitt oder Kies einen Boden für die wärmeliebende Schmetterlingsflora. Am Wegrand gibt es Raum für ein buntes Blütenkaleidoskop mit nahezu magischer Anziehungskraft für „flatterhafte" Gesellen. Er bietet Schmetterlingen Attraktionen zuhauf. Hat es wenig Platz, können es polsterartige Wildstauden sein wie das rosarot blühende Rote Seifenkraut, die Heidenelke oder ein wohlriechender Thymian. Im Hinblick auf **Bläulinge** wäre auch Hornklee empfehlenswert. Etwas mehr Raum braucht der Wilde Majoran, der eine würzige Duftspur an den Rand legt. Bei noch mehr Platz können es Hochstauden sein, die in der Hitparade der Futterpflanzen ganz oben stehen, z. B. die Königskerzen, die 90 Insektenarten ernähren. Die Raupe des **Braunen Mönchs**, die im Hochsommer an einigen Blättern knabbert, ist nur eine von über einem Dutzend Schmetterlingsarten hier. Mächtige Wilde Karden und Kugeldisteln locken noch im Spätsommer Scharen von Faltern herbei. An Naturwegen findet sich Nektar für viele. Wir treffen **Aurorafalter** neben **Kleinem Fuchs**. Uns kann der **Hauhechelbläuling** begegnen, vielleicht **Ochsenauge** und **Brauner Waldvogel**. Ganz sicher rechnen wir mit **Kohlweißling**, **Landkärtchen**, **Tagpfauenauge** oder **Zitronenfalter** und den gar nicht so seltenen **Mittleren**

Hier können z. B. gepflanzt werden:

Bunte Kronwicke
Echter Baldrian
Echtes Labkraut
Echtes Seifenkraut
Färberkamille
Gewöhnlicher Hornklee
Großblütige Königskerze
Heidenelke
Jakobskreuzkraut
Kartäusernelke
Kleinblütige Königskerze
Kugeldistel
Mehlige Königskerze
Nachtkerze
Nachtviole
Natternkopf
Pastinak
Prächtige Königskerze
Quirlblütiger Salbei
Raukenblättriges Greiskraut
Rote Nachtnelke
Rotes Seifenkraut
Schwarze Königskerze
Skabiosenflockenblume
Steinklee
Thymian
Tüpfeljohanniskraut
Weidenröschen
Wiesenflockenblume
Wilde Karde
Wilde Möhre
Wilder Majoran
Wirbeldost
Wundklee

Weinschwärmern. Und mit der Gunst der Stunde schaffen wir Lebensmöglichkeiten für **Kleinen Feuerfalter**, den **Ligusterschwärmer** und **Schwalbenschwanz**. Und des Nachts versammeln zitronig duftende Nachtkerzen, lila oder weiße Nachtviolen oder weiß leuchtendes Echtes Seifenkraut Nachtschwärmer. Für Raupenfutter ist gerade für seltene Arten gut gesorgt. **Aurorafalter**, **Schwalbenschwanz**, **Taubenschwänzchen** und **Bläulinge** finden hier Eiablagepflanzen.

Der Weg ist das Ziel (auch für Schmetterlinge): Mulchweg mit Schwarzer Königskerze, Weißem Steinklee und Tüpfeljohanniskraut.

Brauner Waldvogel am Wegrand

Kolibri im Tankflug: Taubenschwänzchen an Spornblume

TROCKENMAUERN

Stellen Sie sich einmal folgendes Bild vor: Sie trinken sonntags nachmittags gemütlich Kaffee auf der Natursteinterrasse, umgeben von wärmespeichernden Trockenmauern. Plötzlich schwirren sie ein: Kolibris? Erst einer, dann zwei, dann drei - es sind **Taubenschwänzchen**. Die behänden Flieger, die praktisch nie zur Ruhe kommen, sausen im zackigen Flug von Blüte zu Blüte, tauchen tief den Rüssel in wohlriechenden Nektar, schlürfen ein Schlücklein und sind schon wieder weg. Der Grund ihres Daseins blüht prachtvoll aus einer Mauerritze: rotleuchtende Spornblumen. Spornblumen sind auch bei den gemütlicheren **Zitronen-**, **Dickkopf-** oder dem **Distelfalter** der Hit. Die wunderschöne Rarität wächst sowohl in den Ritzen der Mauer, wie krönend oben drauf. Und sie blüht Monate lang bis in den Oktober.
Noch viele andere wunderbare Pflanzen fühlen sich in den allein aus Steinen und ohne Mörtel aufgesetzten Naturmauern wohl: Im April treibt die Zypressenwolfsmilch aus allen Ritzen, kräftiges Honigaroma verströmend. **Kleiner Fuchs**

Auf der Mauer, auf der Lauer... liegt der Frühlingsthymian.

Krönendes Gelb: Zypressenwolfsmilch in und auf Trockenmauer

Wärmefalle Mauer: Hier scheint die Sonne, auch wenn sie schon untergegangen ist.

Hier können z. B. gepflanzt werden:

Deutscher Backenklee
Echter Gamander
Echtes Labkraut
Felsennelke
Fetthenne
Gewöhnlicher Hornklee
Gewöhnlicher Steinquendel
Kriechendes Gipskraut
Heidenelke
Katzenminze
Kartäusernelke
Mauerpfeffer
Spornblume
Rotes Seifenkraut
Sandnelke
Sonnenröschen
Thymian
Wilde Pfingstnelke
Zimbelkraut
Zwergglockenblume
Zypressenwolfsmilch

und **Zitronenfalter** naschen von den süßen Tröpfchen. Im Mai werben Frühlingsthymian oder Gewöhnlicher Steinquendel um **Hauhechelbläuling** und **Feuerfalter**. Im Juni kommen **Dickkopf** und **Ochsenauge** zu Besuch bei Heidenelke und Katzenminze. Ferner sehen wir saugende **C-Falter**, **Distelfalter**, **Weinschwärmer** und natürlich auch **Tagpfauenaugen**. Die Trockenmauer bietet Raupenfutterpflanzen für **Hauhechelbläuling** und **Taubenschwänzchen**. Zum Schluss dürfen wir eine Qualität nicht vergessen, die Menschen wie Schmetterlinge schätzen: Die Trockenmauer als Wärmespeicher. Nicht nur **Admiral**e sieht man hier auf ihren Wanderungen genüsslich Sonne tanken.

SUMPFBEET UND NATURTEICH

Wasserdost: Admiral bei der Schlacht am feuchten Buffet

Sumpfbeet und Naturteich bringen uns Wasser in größere Gärten. Auch davon profitieren die Falter. Das Schmetterlingsjahr beginnt mit **Aurorafaltern**, die sich über die Blüten des Wiesenschaumkrautes am Uferrand hermachen. Sumpfdotterblumen verköstigen alle frühen Arten, sei es **Zitronenfalter**, den **Kleinen Fuchs** oder das **Tagpfauenauge**. Im Mai locken die offenen Blüten des gelben Zungenhahnenfußes, zusammen mit dem aparten Weiß der Wasserfeder. Im Juni sind es schließlich Baldrian und Sumpfhornklee, eine der Futterpflanzen für **Bläulinge**. Das schöne an der feuchten Flora ist, dass viele Arten erst ab Jahresmitte in die Blüte gehen. Hierzu gehört der heiß umschwärmte Sumpfziest, der erst richtig im Juli aufblüht. Ein echter Schmetterlingsliebling scheint der Blutweiderich zu sein, den besonders viele **Weißlinge** besuchen. Auch Gewöhnlicher Gilbweiderich gehört zu diesen attraktiven späten Blühern. Wasserdost könnte hier ebenfalls stehen. Die Hochstaude bringt imposante Blütenstände hervor, die von vielen Spätsommerschmetterlingen umlagert wird. Wir sehen **Tagpfauenauge**, **Landkärtchen**, das **Ochsenauge**, **Admiral**, **Kleiner Fuchs** und einige mehr. Das Echte Seifenkraut am Ufer von Sumpf oder Naturteich führt uns ab der Abenddämmerung die Schar der Nachtschwärmer vor. Ungemein anziehend auf Falter aller Art wirkt die Wasserminze, die an der Uferzone oder im Flachwasser siedelt. Wie an allen Minzenblüten kann man hier nahezu sämtliche

Naturreich Teich: Zungenhahnenfuß lockt Feinschmecker

Schmetterlingsarten der Saison antreffen. Und noch etwas beschert uns der feuchte Fleck, vor allem, wenn er in Nähe eines Sitzplatzes oder des Hauses angelegt wurde: An warmen Sommertagen kommen **C-Falter**, **Admiral**, **Landkärtchen** und **Distelfalter** zum Trinken ans feuchte Sandufer. Wollen wir Raupen finden, haben wir es nicht schwer. Zerfressene Blätter der Weidenröschen verraten die Anwesenheit von **Weinschwärmern**. Sein Beispiel zeigt übrigens, wie wenig wir von der Anwesenheit mancher Schmetterlinge bemerken. Für diese Art werden in der Literatur als heimische Futterpflanzen angegeben: Echter Wein, Nachtkerze, Springkraut und Weidenröschen. Von der Sumpfcalla ist dort keine Rede. Trotzdem frisst die Raupe davon und hangelt sich von abgefressenem Stängel zu Stängel - ein völlig raupenuntypisches Verhalten und gefährlich dazu. (Den dokumentarischen Beweis erbringt das Foto auf Seite 17.). Fazit: Überraschungen bietet der Schmetterlingsgarten immer wieder.

Die Anlage eines Sumpfgrabens ist einfach: Mit oder ohne Folie (s. S. 24) wird ein Graben angelegt, in den Regenwasser oder ein bestehender Bach fließt. Der Boden darf nährstoffreich oder sandig-kiesig sein. Naturteiche werden zumeist mit Folie angelegt. Hier sollte als Pflanzensubstrat nur eine etwa 10 Zentimeter hohe Sandschicht dienen, da sich die Arten sonst zu schnell ausbreiten und sich viele Fadenalgen bilden.

Die Pflege von beiden Biotopen ist einfach. Bei Sumpfbeeten muss man vor allem in den ersten beiden Jahren eingewanderte Unkräuter jäten, bevor sie sich aussamen. Die ersten 2-3 Jahre des Naturteiches können verstärkt Fadenalgen auftreten. Sie lassen sich mit einem Gartenrechen problemlos herausangeln.

Hier können z. B. gepflanzt werden:

Blutweiderich
Echter Baldrian
Echtes Seifenkraut
Gewöhnlicher Gilbweiderich
Großer Wiesenknopf
Kohlkratzdistel
Kuckuckslichtnelke
Teufelsabbiss
Schwanenblume
Sumpfcalla
Sumpfdotterblume
Sumpfgreiskraut
Sumpfhornklee
Sumpfkratzdistel
Sumpfvergissmeinnicht
Sumpfwolfsmilch
Sumpfziest
Wasserdost
Wasserfeder
Wasserminze
Weidenalant
Wiesenschaumkraut
Zottiges Weidenröschen
Zungenhahnenfuß

Wer ist schöner: Tagpfauenauge oder Blutweiderich?

Ein Haufen Eier: Kleiner Fuchs an Brennnessel

KONTROLLIERTE WILDNIS

Brennnesseln und Disteln kommen in Alpträumen von Gärtnern, ja sogar Naturgärtnern immer wieder vor. Diese „Wildnis" hat allerdings auch eine positive Seite: Damit tun wir viel Gutes für unsere Gartenschmetterlinge. Allein von Brennnesseln leben 31 Schmetterlingsraupen, darunter unsere häufigsten Arten. Ohne die Nesseln gäbe es keinen **Admiral**, kein **Tagpfauenauge**. Der **Kleine Fuchs** würde fehlen, und selbst **C-Falter** und **Distelfalter** wären betroffen. Darüber hinaus würden wir **Landkärtchen** vermissen. Alle ihre Raupen leben von Nesselblättern.

Das Motto im artenreichen Garten in Bezug auf Brennnesseln und Disteln kann folglich nur lauten: kontrollierte Wildnis. Hat man genug Fläche zur Verfügung, kann man in einem Bereich des Gartens bewusst solche Futterpflanzen wachsen lassen und entsprechend den Bedürfnissen der Falter pflegen. Einer ungehemmten Ausbreitung beugt man vor, indem man einen Brennnesselstock in einen Plastikeimer oder Pflanzcontainer ohne Boden setzt. Auf diese Weise gezähmt kann die Große Brennnessel sogar mitten im Staudenbeet stehen, wenngleich die Nähe des Komposthaufens sicher der geeignetere Platz wäre. Denn Brennnesseln siedeln vorzugsweise auf sehr nährstoffreichen Böden. Doch haben sich die Falterarten auf unterschiedliche Standorte oder Wuchsphasen

Nesselfreunde bei der Tat: Tagpfauenaugen

spezialisiert, weshalb man selten alle Brennnesselliebhaber in einem Garten vereinen kann. Das Mikroklima entscheidet. **Kleiner Fuchs** und **Distelfalter** bevorzugen Nesseln an vollsonnigen Stellen, während **Landkärtchen**, **Admiral**, **C-Falter** und **Tagpfauenauge** eher halbschattig, zumindest aber feucht

So wie es sich gehört: Distelfalter an Distel.

stehende Nesseltrupps mit Eiern belegen. **C-Falter** und **Landkärtchen** sind bei der Biotopausstattung zudem noch von mehr Gebüschen und Gehölzen im Umkreis abhängig als die anderen Arten. Auch ist Brennnessel nicht gleich Brennnessel. Der **Kleine Fuchs** liebt frisch ausgetriebene, also einmal gemähte Bestände mit stickstoffreichem, frischem Blattgrün, während **Tagpfauenauge** und **Admiral** auch auf ältere Pflanzen ansprechen.
Bei Disteln ist es ähnlich: Von den Blättern der vielen heimischen Arten leben acht kaum bekannte Schmetterlingsraupen, außerdem der populäre **Distelfalter**. Es muss ja nicht gleich die zurecht gefürchtete Ackerkratzdistel sein, die man sich in den Garten holt. Viel schöner und auch zahmer sind die attraktive Eselsdistel oder die Wegdistel, ebenfalls Raupenfutterpflanzen. Das Schöne an diesen Schmuckdisteln, die jedem Wildblumenbeet zur Ehre gereichen, ist die Attraktivität der meist rötlichen Blüten. Hier versammelt sich eine Vielzahl Nektar schlürfender Falter: Zu Saisonbeginn sind es **Kohlweißlinge** und **Zitronenfalter**, **Tagpfauenauge**n und **Kleiner Fuchs**. Von Mai bis September gesellt sich dann der **Distelfalter** dazu, der als typischer Wanderfalter alljährlich neu aus Nordafrika in unsere Gefilde fliegt. Für so ein zerbrechlich wirkendes Tier ist dies wirklich eine Meisterleistung. Der Name täuscht: Ab und an finden wir **Distelfalter**raupen nämlich auch an anderen Gewächsen, etwa der Wilden Malve, an der Gewöhnlichen Hundszunge, dem Natternkopf oder im Würzkräuterbeet am Borretsch.

Kratzdistel mit Kohlweißling

Hier können z. B. gepflanzt werden:

Borretsch
Gewöhnliche Hundszunge
Große Brennnessel
Eselsdistel
Natternkopf
Wegdistel
Wilde Malve

Vogelkirsche für Füchse, die Schmetterlinge sind: Kleiner Fuchs

WILDSTRÄUCHER UND HECKEN

Heimische Sträucher und daraus bestehende Wildhecken gehören zur Grundausstattung eines Schmetterlingsgartens. Sie schaffen die nötige Feuchtigkeit, die manche Falterarten benötigen, z. B. **Landkärtchen** oder der **Zitronenfalter**, die aus Wäldern oder feuchten Biotopen kommen. Außerdem sind Gehölze eine bedeutende Futterquelle. Für Schmetterlinge sehr wichtig ist hierbei die Salweide. Die weiblichen Exemplare bieten ab März den ersten Energietrunk nach langer Winterstarre für **Zitronenfalter**, **Kleinen Fuchs**, **C-Falter** und **Tagpfauenauge**. Auch an Vogelkirschen, Seidelbast, Birn- oder Apfelbäumen sieht man während der Blüte im April und Mai so manchen Schmetterling.
Der absolute Hit unter den Gehölzen aber ist der Sommerflieder, der in jeden Schmetterlingsgarten gehört. Im Hochsommer zieht die Buddleia von weit her wie ein Magnet Falter an. Daran können wir sehen, welche Arten um diese Zeit in der Gegend vorkommen. Hier kann man **Distel-** und **Zitronenfalter**, **Kleinen Fuchs**, **Tagpfauenauge** und **Weißlinge** finden. Aber auch **Admiral**, **C-Falter**, **Taubenschwänzchen**, **Schwalbenschwanz** und **Ochsenauge** kommen zu Gast.
Im Herbst liefern Gehölze noch den letzten Trunk: An gärendem Obst finden sich **Admiral**, **Tagpfauenauge** und **C-Falter** ein. Wichtig sind heimische Gehölze auch als Raupenfutter. Ohne Faulbaum und Kreuzdorn gäbe es keine hübschen **Zitronenfalter**, ohne Salweide, Schlehe und Apfelbaum kein **Abendpfauenauge**. **C-Falter**raupen finden wir auf der Haselnuss oder Stachelbeeren, den **Ligusterschwärmer** nicht nur auf

Schmetterlingsflieder mit Anhängern: Kleine Füchse und Weißlinge

Liguster, sondern auch auf Schneeball und zuweilen sogar auf Eschen. Es muss nicht immer eine ganze Hecke sein: **Zitronenfalter** etwa kann man mit einem einzeln stehenden Faulbaum zur Eiablage motivieren. Letztendlich brauchen die Schmetterlinge die feste Struktur der Sträucher auch für ihr Puppenstadium. Der **Zitronenfalter** verpuppt sich gern an den holzigen Trieben von Faulbaum, aber auch das Brennnessel fressende **Landkärtchen** oder **Kleiner Fuchs** und **Ochsenauge** suchen sich gelegentlich Astwerk aus.

Hier können z. B. gepflanzt werden:

Apfelbaum
Faulbaum
Gewöhnlicher Kreuzdorn
Gewöhnlicher Schneeball
Haselnuss
Liguster
Salweide
Schlehe
Schwarzer Geißklee
Seidelbast
Stachelbeere
Sommerflieder
Vogelkirsche

Bei der Pflanzung von Bäumen und Sträuchern müssen wir unterscheiden zwischen Wurzelware und Topfpflanzen. Bäume und größere Sträucher werden meist als nackte Wurzelware geliefert. Gepflanzt wird, sobald das Laub gefallen ist, also etwa ab Mitte November bis zum nächsten Laubaustrieb, etwa Ende April. Die Herbstpflanzung ist günstiger als die Frühjahrspflanzung, der Boden sollte aber zur Pflanzung frostfrei sein. Topfpflanzen haben den Vorteil, dass sie ganzjährig gesetzt werden können. Die Pflanzabstände hängen von der späteren Wuchsgröße und den Absichten ab. Größere Sträucher pflanzt man etwa mit 1,5 - 2,5 Meter Abstand, ein- oder mehrreihig. Kleinere Arten werden 1 - 1,5 m weit gesetzt, Kleingehölze dagegen mit 0,3 - 1 m Entfernung - je nach Art. Auch Kleinsträucher und Kleingehölze lassen sich versetzt mehrreihig setzen. Detaillierte Angaben zu den einzelnen Arten finden sich in der einschlägigen Literatur.

Habacht-Stellung des Abendpfauenauges

Mutige Kerle: Sturzpuppen des Landkärtchens an hohem Ast

Faltermagnet: Die Wilde Pfingstnelke, wie sie im Topfe blüht.

TERRASSE, BALKON UND DACH

Nicht alle Schmetterlingsfreunde sind Gartenbesitzer, und manche Gartenbesitzer wollen auch auf Terrasse und Balkon Gutes tun. Außerdem gibt es ja auch Dachflächen – auch hier kann man Schmetterlingspflanzen anpflanzen.

Der begrenzte Raum in Töpfen und Schalen zwingt uns zu einer Auswahl. Pflanzen wir die vor allem bei Schwärmern beliebten Exoten Phlox, Fleißiges Lieschen und Fuchsien, heißt das, den ganzen Sommer über wässern, düngen und schneiden. Wählen wir hingegen heimische Blütenpflanzen, können wir im Liegestuhl bleiben. Diese Arten sind außerordentlich pflegeleicht, brauchen nahezu nicht gegossen oder gedüngt zu werden und bleiben in frostfesten Töpfen den ganzen Winter draußen.

Feinschmecker: Zitronenfaltermännchen auf Kartäusernelke

Besonders begehrte Topfbewohner sind die Wildnelkenarten. Sie blühen prachtvoll und lange und duften dazu betörend. Wie schön, wenn neben dem Gartenstuhl im Mai **Zitronenfalter** an Pfingstnelken oder Kartäusernelken saugen. Aufgepasst: Auch hier gibt es die pflegeleichten Wildformen nicht im Gartencenter, sondern nur bei Wildpflanzenproduzenten (s. S. 60).

Hier können z. B. gepflanzt werden:

Bergaster
Färberkamille
Federnelke
Fleißiges Lieschen
Fuchsie
Gelbe Skabiose
Heidenelke
Hornklee
Hufeisenklee
Katzenminze
Kartäusernelke
Kleiner Sauerampfer
Küchenschelle
Lavendel
Mauerpfeffer
Moschusmalve
Natternkopf
Ochsenauge
Phlox
Sandnelke
Schafschwingel
Spornblume
Taubenskabiose
Thymian
Wiesenflockenblume
Wiesenschlüsselblume
Wilde Pfingstnelke
Wilder Majoran

Dankbare Wildblumen für Töpfe und Schalen sind auch die vielen Thymianarten. Frühlings-, Sand- oder Gewöhnlicher Thymian locken viele Falter herbei. Noch mehr tun wir freilich, wenn wir ein extensives Wildblumendach anlegen. Ein 8–20 cm dickes, stark mineralisches Substrat bringt den interessantesten Bewuchs. Von niedrigen Mauerpfeffern bis hin zu höheren Wildstauden wie der Bergaster reicht das Angebot der Nektarspender. Hier kann man auch ganz gezielt Raupenfutterpflanzen setzen. **Bläulinge** fliegen auf Hufeisen- und Hornklee, der **Kleine Feuerfalter** sucht Kleinen Ampfer. Mit Gräsern wie Schafschwingel bieten wir **Ochsenauge** und **Schachbrett** eine Kinderstube.

Ein Dach voll Nektartrunkenheit: Wildblumen auf Garage

Das Blumenangebot von Töpfen und auf Dächern nutzen **Ochsenauge**, **Schwalbenschwanz** oder **Tagpfauenauge**. Häufig aber auch **Taubenschwänzchen** und **Zitronenfalter**.

Diesmal ohne Hohes C, nur mit Honigsaft: C-Falter

Drive-In für Nachteulen: Weinschwärmer am Waldgeißblatt

GRÜNE WÄNDE

Mancher Garten ist nicht groß genug für viele Schmetterlingslebensräume, aber eine Hauswand gibt es quasi überall. Sie zu begrünen, ist in vielen Fällen möglich und für Falter ein Freundschaftsdienst. Grüne Wände sind hervorragende Ruheplätze für Nachtschwärmer und Tagfalter und taugen sogar zum Winterquartier für **C-Falter**, **Tagpfauenauge** und **Zitronenfalter**.

Im Mai lohnt sich ein abendlicher Gang zur Hauswand mit dem Jelängerjelieber: Hier schwirren alle möglichen braunen und grauen Nachtschwärmer umher, wie wild geworden durch den intensiven Geißblattduft, der ab den Abendstunden zur Flugzeit der Bestäuber besonders intensiv ist. Unter ihnen befinden sich auch die auffälligen **Weinschwärmer**. Ein ebensolches Erlebnis ist die Blüte des Waldgeißblattes im Hochsommer. Auch **C-Falter** zieht es zum Wandgrün, allerdings sehr viel später – im Spätsommer, naschen sie an den unscheinbaren, aber honigsüßen grünen Blüten des Efeus. Nektar saugend trifft man hier auch andere Schmetterlinge. Hierzu zählen neben dem **Kleinen** und **Mittleren Weinschwärmer** noch andere Schwärmerarten. Begehrt ist der Blütenbehang beispielsweise beim **Ligusterschwärmer**, einem scheuen nächtlichen Fluggast. Selbst tagaktive Arten wie das **Taubenschwänzchen** lassen sich mit Regelmäßigkeit hier blicken. Daneben tanken häufige Tagschmetterlinge wie **Tagpfauenauge** oder **Kleiner Kohlweißling** Nachschub.

Hier können z. B. gepflanzt werden:

Echter Wein
Efeu
Hopfen
Jelängerjelieber
Waldgeißblatt
Wilder Wein

Als Raupenfutterpflanzen sind Kletterpflanzen ebenfalls von Wert. Der **Mittlere Weinschwärmer** legt am Echten oder Wilden Wein seine Eier ab, der **C-Falter** tut es am Hopfen. Manchmal verschlägt es auch einen **Faulbaumbläuling** zur Eiablage auch ans Efeugrün. Die meisten Kletterpflanzen kommen in Natur aus dem Bereich des Halbschattens. Somit finden sie an Hauswänden einen adäquaten Ersatz für ihre Heimat. Efeu passt am besten auf Nord-, Ost- und Westseiten, während Wilder und Echter Wein die warme Südseite lieben. Hopfen und Geißblattarten sind mit Halbschatten auf Ost- und Westseiten zufrieden, besonders das Jelängerjelieber verträgt aber auch heiße Südlagen.

Die Böden sollten für alle Kletterpflanzen nährstoffreich und feucht sein. Bis auf Efeu und Wilden Wein benötigen alle Arten Kletterhilfen in Form von Gerüsten oder Spanndrähten.

Duftiges Falterlockmittel: Jelängerjelieber an Pergola

C-Falter: Die Raupen sind Liebhaber von Efeu und Hopfen.

Und da wir gerade dabei sind: Warum eigentlich nur die Hauswand begrünen? Viel schöner können Sie den Geißblattduft und das stete Schwärmen darum erleben, wenn Sie unter einer begrünten Pergola einen Sitzplatz einrichten. Selbstverständlich kann man aus optischen Gründen noch Kletterpflanzen hinzunehmen, die bei Schmetterlingen nicht so im Vordergrund stehen und nicht als Futterpflanze dienen: Blauregen oder die rötliche Trompetenblume, Italienische Waldrebe oder Alpenwaldrebe schmücken ebenfalls hübsch.

Weiße Spornblume und Admiral: Zwei, die gut zusammenpassen

Bedürfnisse der Schmetterlinge

So helfen wir gezielt

Der naturnahe Garten bietet vielen Schmetterlingen einen Lebensraum. Über 20 Arten können wir vor der Haustür beobachten. Doch die Ansprüche sind verschieden. Die Falter benötigen bestimmte Nektarquellen und eine geeignete Umgebung. Hier ein knapper Überblick, wer was wo braucht.

Um einen Schmetterlingsgarten anzulegen, orientiert man sich am Vorbild der Natur – d. h. man pflanzt nicht nur Nektarpflanzen für die Falter, sondern auch Futterpflanzen für die Raupen (s. Artenliste S. 15 und folgende Kurzdarstellungen). Schmetterlinge sind eher Generalisten. Die meisten Arten lassen sich nicht auf eine Handvoll Nektarspender festlegen. Ganz im Gegenteil: Arten wie **Zitronenfalter**, **Kleiner Fuchs** oder das **Tagpfauenauge** besuchen über 200 verschiedene Blütenpflanzen!

Erwacht aus der Winterstarre im Holzstoß: Sonne tankendes Tagpfauenauge vor dem Quartier

Die **Raupenfraßzeit** gibt an, in welchen Monaten wir mit aktiven Raupen rechnen können. Manche Arten kommen als Raupen zwar länger vor, doch verbergen sich diese dann gut getarnt im Winterversteck.

An dieser Stelle noch einige Bemerkungen zu den Maßnahmen, mit denen wir Schmetterlingen helfen können. Zwar werden wir nicht allen Schmetterlingen im einzelnen helfen, doch sehen Sie die empfohlenen Hilfen als Hinweise, um das Leben dieser wunderbaren Tiere besser zu verstehen. Mit unserem Garten der Schmetterlinge können wir eigentlich gar nichts falsch machen. Dort finden sie die Pflanzen, die sie in ihren verschiedenen Lebensabschnitten brauchen.

Schönheiten im April: Schwalbenschwanz und Roter Geißklee

Taubenschwänzchen an Sommerflieder: Blüten und kein Ende

Manchmal hilft's gegen hungrige Vögel: Weinschwärmer in Drohstellung.

ZUGSCHMETTERLINGE

Schmetterlinge unternehmen lange Reisen, um das zu finden, was sie brauchen: Im Sommer unsere blütenreiche Vegetation und im Winter nicht zu kalte Gegenden. Wussten Sie, dass Falter große Strecken zurücklegen, um die hiesige ungünstige Jahreszeit in klimatisch günstigeren Gebieten zu überwintern? Der **Distelfalter** wandert alljährlich zwischen Süd- und Mitteleuropa hin und her. Auch ausgewachsene Tiere des **Admiral** wandern über die Alpen ein; ihr Nachwuchs zieht im Herbst wieder zurück. Das **Taubenschwänzchen** kommt zu uns, aber wandert nicht zurück. Andere Arten fliegen nicht so weit - das sind die sporadischen Wanderer. Zu ihnen gehören etwa der **Kleine Kohlweißling** oder der **Zitronenfalter**, **Tagpfauenauge**, **Kleiner Feuerfalter** und **Kleiner Fuchs**. Auch **C-Falter** und **Schwalbenschwanz** unternehmen gelegentlich Suchflüge ins Blaue. Solchen unsteten Gesellen haben wir es zu verdanken, dass selbst inmitten unwirtlicher Städte oder in weit entfernten Naturgärten urplötzlich Schmetterlinge auftauchen, die sich in der Umgebung sonst nie blicken lassen. Wir brauchen also nur die Voraussetzungen zu schaffen und der Zufall bringt sie her. In unseren Gärten bleiben sie, wenn sie dort ihre lebensnotwendigen Voraussetzungen finden. Auf den folgenden Seiten finden Sie Tipps und Anregungen, was speziell zu pflanzen wäre.

<u>Abendpfauenauge</u>
(S. 9, 49, 57)
Flugmonate 5 - 7
Nektarpflanzen Keine (nimmt als Falter keine Nahrung auf)
Raupenfraßzeit 7 - 9
Hilfe Beim Obstbau keine Pestizide verwenden

<u>Admiral</u>
(S. 7, 8, 25, 43, 44, 54)
Flugmonate 6 - 10
Nektarpflanzen Astern, Disteln, Sommerflieder, Sonnenhut, Spornblume, Wasserdost, Wilder Majoran, Wilde Karde
Raupenfraßzeit 6 - 9
Hilfe für 1. Faltergeneration Mahd der Brennnesseln Anfang Juni, für die 2. Anfang August

Spiegelbild am Apfelzweig: Paarung Abendpfauenauge

<u>Aurorafalter</u>
(S. 5, 9, 16, 29, 58)
Flugmonate 4 - 6
Nektarpflanzen Blaukissen, Efeugundelrebe, Graukresse, Kriechender Günsel, Nachtviole, Silberblatt, Traubenhyazinthe, Wiesenschaumkraut
Raupenfraßzeit 5 - 6
Hilfe Feuchte oder trockene Blumenwiesen anlegen, erst ab Juli mähen

<u>Brauner Waldvogel oder Schornsteinfeger</u> (S. 8, 41)
Flugmonate 6 - 8
Nektarpflanzen Brombeere, Giersch, Schafgarbe, Waldengelwurz, Wiesenflockenblume, Wilder Majoran, Wilde Möhre
Raupenfraßzeit 6 - 9
Hilfe Magere Blumenwiesen, erst ab September mähen

<u>C-Falter</u> (S. 14, 21, 51, 53)
Flugmonate 3 - 10
Nektarpflanzen Birnbaum, Efeu, Salweide, Schlehe, Sommerflieder, Stachelbeere, Taubenskabiose, Wasserdost
Raupenzeit 5 - 6
Hilfe Schnitt der Futtergehölze erst ab Herbst; für 2. Raupengeneration Brennnesseln im Juni mähen

<u>Dickkopffalter</u>
(S. 9, 11, 22, 35)
Flugmonate 6 - 8
Nektarpflanzen Deutscher Backenklee, Eselsdistel, Heidenelke, Kartäusernelke, Natternkopf, Taubenskabiose, Wundklee
Raupenfraßzeit 4 - 9
Hilfe Blumenwiesen, erst ab Juli mähen

<u>Distelfalter</u>
(S. 8, 17, 18, 21, 46)
Flugmonate 5 - 9
Nektarpflanzen Kratzdisteln, Kugeldistel, Sommerflieder, Wiesenflockenblume, Wilde Karde
Raupenfraßzeit 6 - 9
Hilfe Brennnesseln für 1. Raupengeneration Anfang Juni mähen.

<u>Hauhechelbläuling</u>
(S. 8, 19, 23, 34, 39, 59)
Flugmonate 5 - 9
Nektarpflanzen Bergjasione, Grasnelke, Gewöhnlicher Hornklee, Hasenklee, Rotklee, Taubenskabiose, Weißklee, Wiesenflockenblume, Wilder Majoran
Raupenfraßzeit 6 - 10
Hilfe Vermehrt sich trotz überall häufiger Kleearten nur auf Magerwiesen, erst ab September mähen

<u>Kleiner Feuerfalter</u>
(S. 8, 32)
Flugmonate 5 - 10
Nektarpflanzen Bergjasione, Gewöhnlicher Thymian, Grasnelke, Kleines Habichtskraut, Knolliger Hahnenfuß, Orangerotes Habichtskraut, Wiesenmagerite, Wilder

Unverkennbar Weißling und doch Aurorafalter-Weibchen

Majoran, Sandthymian, Scharfer Hahnenfuß
Raupenfraßzeit 5 - 10
Hilfe Magerwiese auf saurem Untergrund (Sand/Fels/Schotter) erst September mähen

Kleiner Fuchs
(S. 9, 13, 46, 48)
Flugmonate 3 - 4, 6 - 10
Nektarpflanzen Blaue Anemone, Brombeere, Huflattich, Kugeldistel, Phlox, Salweide, Schachbrett, Sommerflieder, Taubenskabiose, Verbene, Wilde Karde
Raupenfraßzeit 4 - 7
Hilfe Brennnesseln an sonnigen Stellen für 2. Raupengeneration Ende Mai mähen

Kleiner Kohlweißling
(S. 8, 47)
Flugmonate 4 - 10
Nektarpflanzen Erdbeere, Krokus, Pechnelke, Traubenhyazinthe, Weidenröschen, Wiesenwitwenblume, Wiesenflockenblume, Wiesenschaumkraut, Wilde Karde, Wilder Majoran
Raupenfraßzeit 6 - 10
Hilfe Raupen an Kohl tolerieren

Landkärtchen
(S. 7, 9, 12, 14, 36, 39, 49)
Flugmonate 4 - 9
Nektarpflanzen Brombeere, Giersch, Kugeldistel, Schafgarbe, Sumpfdotterblume, Taubenskabiose, Waldengelwurz, Wasserdost, Wiesenkerbel, Wilde Karde, Wilde Möhre, Wilder Majoran
Raupenfraßzeit 5 - 6, 8 - 9
Hilfe Brennnesseln an luftfeuchten Standorten; nicht mähen

Ligusterschwärmer
(S. 3, 9, 15)
Flugmonate 5 - 7
Nektarpflanzen Jelängerjelieber, Liguster, Rote Nachtnelke
Raupenfraßzeit 7 - 9
Hilfe Liguster zwischen 6 - 9 nicht schneiden

Mittlerer Weinschwärmer
(S. 2, 8, 13, 17, 19, 37, 52, 56)
Flugmonate 5 - 7
Nektarpflanzen Echtes Seifenkraut, Jelängerjelieber, Waldgeißblatt, Taubenkropfleimkraut, Weiße Lichtnelke
Raupenfraßzeit 6 - 8
Hilfe Raupen auch an Topfpflanzen tolerieren

Ochsenauge (S. 9, 32, 35)
Flugmonate 6 - 8
Nektarpflanzen Kartäusernelke, Ochsenauge, Taubenskabiose, Teufelsabbiss, Wasserdost, Wiesenflockenblume, Wiesenwitwenblume
Raupenfraßzeit 4 - 10
Hilfe Blumenwiese erst ab Juli mähen

Schachbrett oder Damenbrett (S. 8, 31)
Flugmonate 6 - 8
Nektarpflanzen Schwarze Flockenblume, Skabiosenflockenblume, Taubenskabiose, Wiesenflockenblume, Wiesenwitwenblume
Raupenfraßzeit 6 - 9
Hilfe Magerwiese, erst September mähen

Schwalbenschwanz (S. 2, 7, 8, 10, 55)
Flugmonate 4 - 9
Nektarpflanzen Efeugundelrebe, Heidenelke, Kartäusernelke, Kriechender Günsel, Natternkopf, Rauer Löwenzahn, Taubenskabiose, Wiesenpippau, Wiesenwitwenblume
Raupenfraßzeit 6 - 9
Hilfe Blumenwiese; ab Juli mähen

Tagpfauenauge (S. 4, 27, 45, 46, 55)
Flugmonate 3 - 10
Nektarpflanzen Blaue Anemone, Herbstlöwenzahn, Hohe Schlüsselblume, Kleines Habichtskraut, Krokus, Kugeldistel, Orangerotes Habichtskraut, Rudbeckie, Salweide, Sommerflieder, Taubenskabiose, Topinambur, Wiesenpippau, Wiesenschlüsselblume, Wiesenwitwenblume, Wilde Karde, Zinnie
Raupenfraßzeit 5 - 9
Hilfe Brennnesseln im Halbschatten; Ende Juli mähen, um frische Futterpflanzen für 2. Raupengeneration zu bekommen

Taubenschwänzchen (S. 9, 42, 55)
Flugmonate 5 - 10
Nektarpflanzen Fuchsie, Heidenelke, Kartäusernelke, Natternkopf, Petunie, Phlox, Roter Geißklee, Schwarzer Geißklee, Spornblume, Sommerflieder, Taubenskabiose
Raupenfraßzeit 6 - 10
Hilfe Magerwiese, erst ab Oktober mähen

Zitronenfalter (S. 4, 9, 16, 26, 28, 33, 50)
Flugmonate 2 - 8
Nektarpflanzen Blaue Anemone, Kartäusernelke, Kopflauch, Pechnelke, Spornblume, Taubenskabiose, Traubenhyazinthe, Salweide, Schachbrett, Wilder Majoran
Raupenfraßzeit 5 - 8
Hilfe Gehölzschnitt der Sträucher erst im Herbst

Blau wie das tiefe Meer: Männchen des Hauhechelbläulings

LITERATUR

Ute Evers: Schmetterlinge im Garten. Ulmer Verlag 1999.

Roland Gerstmeier: Schmetterlinge. Kosmos Kompakt, Stuttgart 2000.

Roland Gerstmeier/Werner Zepf: Schmetterlinge. Kosmos Naturführer, Stuttgart 1992

Reinhard Witt: Ein Garten für Vögel. Kosmos Verlag, Stuttgart 1999.

Reinhard Witt: Wildrosen und Wildsträucher für den Garten. Kosmos Verlag, Stuttgart 1998.

Reinhard Witt: Der Naturgarten. Lebendig, schön, pflegeleicht. BLV Verlag, München 2001.

Reinhard Witt: Wildblumen für Töpfe und Schalen. Naturschönheit auf kleinem Raum. BLV Verlag, München 1998.

INFORMATION UND BEZUGSQUELLEN

Naturgarten e.V.
Verein für naturnahe Garten- und Landschaftsgestaltung
Postfach 430906
80739 München
Fördert und verbreitet seit 1990 in Deutschland und Österreich die Naturgarten-Idee und Wildpflanzen. Kostenlose Beratung an 20 Naturgarten-Telefonen. Führungen, Fachseminare, Fortbildung. Samentauschbörse und günstigerer Wildpflanzenbezug. Geprüfte Fachbetriebe für naturnahes Grün. Adressenliste von Naturgarten-Experten und Wildpflanzenproduzenten. Infopaket „Naturgarten" gegen DM 13,– im Scheck anfordern. Oder INFOFAX 0190 250 256 abrufen.

REGISTER

Die **fett** gedruckten Seitenabgaben weisen auf Fotoabbildungen hin.

BILDNACHWEIS

Mit 126 Farbfotos von:

Toni Angermayer, Holzkirchen 37u, 48/49u;
Frank Hecker, Panten-Hammer 1li, 1re, 8uli, 9ore, 13u, 31u, 36u, 45, 49ure;
Alfred Limbrunner, Dachau 8Mre, 8uM, 18o, 52, 55ure;
Thomas Marktanner, Langenargen 9Mli, 9MM, 14u, 19ore, 58, 59;
Pfletschinger/Angermayer 8ure, 9uM, 14oli, 23u, 56;
Manfred Pforr, Langenpreising 1M, 4, 8oli, 15, 16oli, 39u, 46ore;
Hans Reinhard, Heiligkreuzstein 28u, 13o;
Jochen Rodenkirchen, Erfstadt-Scheuren 2u, 8Mli, 9oli, 9Mre, 9ure, 22ure, 27o, 32u, 51ure;
Wolfgang Willner, Moosburg 5uli, 8oM, 8ore, 8MM, 9oM, 9uli, 10u, 19oli, 21u, 25o, 28o, 29u, 32o, 44o, 46u, 49o, 53u, 57;
Reinhard Witt, Ostenhofen 3, 4/5, 5ure, 7ore, 7u, 10o, 11o, 11u, 12oli, 12ore, 12u, 13, 17ure, 18u, 19u, 20o, 20u, 22uli, 23o, 24o, 24M, 25u, 26, 27M, 29o, 30o, 33o, 33u, 34/35u, 35ore, 36o, 38, 39o, 40oli, 40/41, 42o, 42u, 43o, 43u, 44u, 47, 48li, 50uli, 50ore, 51oli, 53ore, 54, 55o, 55uli;
Werner Zepf, A-Bregenz 2o, 7oli, 14ore, 16ore, 17uli, 21o, 31o, 34o, 35oli, 41re, 46oli;

Und einer Illustration von Johannes-Christian Rost, Stuttgart.

IMPRESSUM

Umschlaggestaltung von Atelier Reichert, Stuttgart. Umschlagvorderseite: Bläuling (Witt), Trockenmauer mit Wildblumen (Witt). Umschlagrückseite: Tagpfauenauge (Marktanner), Dickkopffalter (Willner).

Mit 126 Farbfotos und einer Illustration.

Die Deutsche Bibliothek – CIP-Einheitsaufnahme

Ein Titelsatz für diese Publikation ist bei Der Deutschen Bibliothek erhältlich.

ISBN 3-440-08587-2
Lektorat: Eva Tauber, Lörrach
Grundlayout: Atelier Reichert, Stuttgart
Gestaltung: Guido Schlaich, München
Satz: Atelier Krohmer, Dettingen/Erms
Printed in Germany / Imprimé en Allemagne
Druck und Buchbinder: Westermann Druck Zwickau GmbH, Zwickau

Extra

WICHTIGE FUTTERPFLANZEN FÜR SCHMETTERLINGE UND IHRE RAUPEN

Botanischer Name	Deutscher Name	Blütenfarbe	Blütemonat	Wuchshöhe in cm	Wichtig für
Wildsträucher und Bäume					
Buddleja davidii	Sommerflieder, Schmetterlingsflieder, Schmetterlingsstrauch	violett, blau, weiß	6–8	100–200	Admiral, C-Falter, Distelfalter, Kleiner Fuchs, Kleiner Kohlweißling,Tagpfauenauge, Taubenschwänzchen, Zitronenfalter
Ligustrum vulgare	Liguster	weiß	6–7	100–200	Ligusterschwärmer
Lonicera caprifolium	Jelängerjelieber	weißgelb	5–6	100–300	Mittlerer Weinschwärmer
Malus sylvestris	Wildapfel	weißrosa	5–6	300–1000	Abendpfauenauge
Prunus padus	Gemeine Traubenkirsche	weiß	4–5	300–1000	Abendpfauenauge, Kleiner Fuchs
Prunus spinosa	Schlehe	weiß	4–5	100–300	Abendpfauenauge
Rhamnus frangula	Faulbaum	gelbgrün	5–6	100–200	Zitronenfalter
Ribes rubrum	Rote Johannisbeere	gelbweiß	5	50–100	C-Falter
Salix caprea	Salweide	gelb, grün	3–5	100–700	Abendpfauenauge, Kleiner Fuchs, Tagpfauenauge, Zitronenfalter
Wildkräuter und Wildstauden					
Anthemis tinctoria	Färberkamille	gelb	6–9	20–50	Kamillengraumönch
Anthyllis vulneraria	Gemeiner Wundklee	gelb	5–8	10–60	Dickkopffalter
Buphth.salicifolium	Ochsenauge	gelb	6–8	15–40	Ochsenauge
Cardamine pratensis	Wiesenschaumkraut	rosa	4–6	10–40	Aurorafalter
Centaurea jacea	Wiesenflockenblume	violett	6–10	20–80	Brauner Waldvogel, Hauhechelbläuling, Kleiner Kohlweißling, Ochsenauge,
Centaurea scabiosa	Skabiosenflockenblume	violett	6–9	30–100	Blutströpfchen, Schachbrett
Centranthus ruber	Rote Spornblume Rot,	weiß	5–8	30–80	Admiral, Kleiner Fuchs, Taubenschwänzchen, Zitronenfalter
Cirsium eriophorum	Wolldistel	blauviolett	7–9	70–150	Admiral, Distelfalter
Daucus carota	Wilde Möhre	weiß	6–9	30–100	Brauner Waldvogel, Landkärtchen, Schwalbenschwanz
Dianthus carthusianorum	Karthäusernelke	purpur	5–9	10–50	Ochsenauge, Schwalbenschwanz, Zitronenfalter

Extra

Botanischer Name	Deutscher Name	Blütenfarbe	Blütemonat	Wuchshöhe in cm	Wichtig für
Dianthus deltoides	Heidenelke	purpur	6–10	10–40	C-Falter, Dickkopffalter, Schwalbenschwanz, Taubenschwänzchen
Dipsacus silvestris	Wilde Karde	lila	7–9	70–150	Admiral, Distelfalter, Kleiner Fuchs, Landkärtchen, Tagpfauenauge
Echinops spaerocephalus	Kugeldistel	blaugrün	6–8	60–150	Distelfalter, Kleiner Fuchs, Landkärtchen, Tagpfauenauge
Echium vulgare	Natternkopf	blau	5–8	30–80	Dickkopffalter, Distelfalter, Kohlweißling, Weinschwärmer, Schwalbenschwanz
Epilobium hirsutum	Zottiges Weidenröschen	rosa	6–9	60–120	Mittlerer Weinschwärmer
Eupatorium cannabium	Wasserdost	rosa	7–9	50–200	Admiral, C-Falter, Distelfalter, Landkärtchen, Ochsenauge
Echium vulgare	Natternkopf	blau	5–8	30–80	Dickkopf, Taubenschwänzchen
Galium mollugo	Wiesenlabkraut	weiß	5–9	20–80	Taubenschwänzchen
Hieracium aurantiacum	Orangerotes Habichtskraut	orange	5–8	20–50	Kleiner Feuerfalter, Tagpfauenauge, Zitronenfalter
Hieracium pilosella	Kleines Habichtskraut	gelb	5–9	10–30	Kleiner Feuerfalter, Tagpfauenauge, Zitronenfalter
Knautia arvensis	Wiesenwitwenblume	lila	6–8	30–80	Ochsenauge, Schachbrett, Schwalbenschwanz, Tagpfauenauge
Lotos corniculatus	Gewöhnlicher Hornklee	gelb	5–8	5–30	Hauhechelbläuling
Oenothera biennis	Gemeine Nachtkerze	gelb	6–9	40–100	Mittlerer Weinschwärmer
Onopordum acanthium	Eselsdistel	rötlich	6–9	50–200	Blutströpfchen, Distelfalter
Origanum vulgare	Wilder Majoran	rosa	7–9	20–80	Brauner Waldvogel, Hauhechelbläuling Landkärtchen, Zitronenfalter
Rumex acetosella	Kleiner Sauerampfer	rötlich	5–8	10–30	Kleiner Feuerfalter
Scabiosa columbaria	Taubenskabiose	lila	7–10	20–60	Admiral, C-Falter, Hauhechelbläuling, Ochsenauge, Schachbrett, Schwalbenschwanz, Taubenschwänzchen
Thymus serpyllum	Sandthymian	rosa	5–10	10–30	Hauhechelbläuling, Feuerfalter
Urtica dioica	Große Brennnessel	grün	6–9	60–150	Admiral, Kleiner Fuchs, Tagpfauenauge, Landkärtchen, Distelfalter
Verbascum densiflorum	Großblütige Königskerze	gelb	7–9	50–250	Brauner Mönch